| 학습자용 |

NCS

직업기초능력 가이드북

자기개발능력

한국산업인력공단

활용안내

개 요

이 학습자용 가이드북은 우리나라 직업인에게 공통으로 요구되는 10가지 직업기초능력 가운데 하나인 자기개발능력에 대한 것이다. 즉, 일상생활 및 학문으로서의 광범위한 자기개발능력이 아닌, 일 경험에서 요구되는 NCS(National Competency Standards, 국가직무능력표준) 직업기초능력으로서의 자기개발능력표준에 대한 가이드이다.

자기개발능력이란 직업인으로서 자신의 능력, 적성, 특성 등의 객관적 이해를 기초로 자기발전 목표를 스스로 수립하고 자기관리를 통하여 성취해 나가는 능력을 의미한다. 이러한 자기개발능력은 직업인으로서 자신의 흥미, 적성, 특성 등의 이해에 기초하여 자기 정체감을 형성하는 자아인식능력, 자신의 행동 및 업무 수행을 통제하고 관리하며 합리적이고 균형적으로 조정하는 자기관리능력, 자신의 진로에 대한 단계적 목표를 설정하고, 목표성취에 필요한 역량을 개발해 나가는 경력개발능력으로 구성된다.

최근 자기개발능력의 중요성이 점차 강조되고 있으나 많은 학교나 기업에서 학습자들이 손쉽게 자신의 자기개발능력을 배양하거나 습득하는 데 적절한 기본 가이드가 없는 실정에 있다. 따라서 이 학습자용 가이드북은 모든 직업인에게 공통으로 요구되는 자기개발능력을 자기 주도적으로 진단하고 학습하는 것을 목적으로 구성되었다.

구 성

자기개발능력 학습자용 가이드북은 크게 활용안내, 사전확인, 학습모듈, 사후확인, 참고자료로 구성되어 있다.

활용안내는 가이드북의 전체적인 개요와 구성을 설명하고, 학습자에게 가이드북의 효과적인 활용방법 및 학습방법을 안내하는 역할을 한다. 사전확인은 학습자가 학습모듈을 학습하기 전에 자기개발능력에 대한 학습자의 현재 수준을 확인하고, 학습자에게 필요한 학습활동을 안내한다.

학습모듈은 자기개발능력에 대한 학습모듈(D-1)과 자기개발능력을 구성하는 각 하위능력에 대한 학습모듈(D-2-가, D-2-나, D-2-다)로 구성되어 있다. D-1 학습모듈은 자기개발능력을 향상시키기 위한 학습내용을 제시하고 있다. D-2-가 학습모듈은 자아인식능력 학습,

D-2-나 학습모듈은 자기관리능력 학습, D-2-다 학습모듈은 경력개발능력 학습에 대한 것이다.

〈자기개발능력 학습자용 가이드북 구성도〉

각 학습모듈은 학습목표, 주요용어, 학습활동, 학습정리로 구성되어 있다. 학습목표에는 각 학습모듈의 일반목표와 세부목표가 제시되어 있으며, 주요용어에는 각 학습모듈에 사용되는 중요한 용어(keyword)가 제시되어 있다.

학습활동은 기본(Basic) 학습활동, 보충(Remedial) 학습활동, 그리고 심화(Advanced) 학습활동으로 구분된다. 기본(B) 학습활동이란 기초를 의미하는 것이 아니라 직업기초능력으로서의 자기개발능력표준에 제시된 기본 자기개발능력을 습득하는 데 유용한 필수적인 학습을 의미한다. 보충(R) 학습활동은 기본(B) 학습활동을 이수하는 데 어려움을 느끼는 학습자를 위한 보충적인 것으로 보다 기초적인 내용이다. 심화(A) 학습활동은 기본(B) 학습활동을 이미 이해하고 있거나 기본(B) 학습활동을 통해서 보다 심화된 것을 학습하고자 하는 학습자를 위한 것으로, 보충(R) 학습활동과 마찬가지로 필요하다고 판단된 경우에만 제시된다. 따라서 기본(B) 학습활동을 중심으로 학습하고, 보충(R) 학습활동이나 심화(A) 학습활동은 학습자에 따라 선택적으로 학습하면 된다.

각 학습활동은 지시문, 사례, 활동, 내용으로 구성되어 있다. 사례에는 직업생활 중 해당 학습활동과 관련된 다양한 사례가 제시되어 있고, 활동에는 학습자 스스로 생각해 보고 자신의 의견을 정리해 볼 수 있는 활동들이 제시되어 있다. 내용에는 해당 학습활동과 관련이 있는 관계지식 및 내용이 제시되어 있다. 학습정리에는 각 학습모듈의 주요 내용이 정리되어 있다.

사후확인에는 모든 학습모듈에 대한 학습을 마친 후 학습자들이 성취수준을 확인하고, 부족한 부분을 피드백 받을 수 있도록 하기 위한 체크리스트를 제공한다. 마지막으로 참고자료에는 학습에 도움을 줄 수 있는 목록이 제시되어 있다.

현행화 이후 직업기초능력 가이드북은 별도의 '학습내용 확인하기'를 제공하고 있다. 직업생활의 다양한 환경과 상황에 따라 정답이 달라질 수 있으므로, '학습내용 확인하기'는 가이드북에서 학습한 내용을 확인하는 참고자료로만 활용하여야 한다.

사용되는 심벌

각 학습활동에서는 다음과 같은 심벌을 사용하였다. 심벌은 기본(Basic), 심화(Advanced) 및 보충(Remedial) 학습활동으로 구분하고, 학습활동을 구성하는 주요용어와 사례, 활동을 시각화하여 전달한다. 따라서 학습자들은 심벌을 통해 이를 기호화하여 편리하게 학습할 수 있다. 특히 직업기초능력 프로그램에서는 10가지 직업기초능력에 동일한 심볼을 사용하여 하나의 형식으로 통일하였다.

- B 기본(Basic) 학습활동 : 모든 학습자가 반드시 알아야 되는 내용
- R 보충(Remedial) 학습활동 : 기본 학습활동을 이수하기 어려운 학습자를 위한 기초 내용
- A 심화(Advanced) 학습활동 : 기본 학습활동이 충분한 학습자를 위한 심화 내용
- 주요용어 : 학습모듈에서 사용되는 중요한 단어(Key word)
- 사례 : 학습활동에 대한 이해를 돕기 위한 대표 사례
- 활동 : 학습내용에 대해 학습자들이 직접 작성하게 하는 활동

활용방법

자기개발능력 학습자용 가이드북은 자기개발능력 향상을 위한 집단적인 교수 상황은 물론 개별 학습 상황에서도 활용할 수 있다. 그러나 집단적인 교수 상황에서 교수자의 주된 역할은 학습을 지원하고 도모하는데 중점을 두어야 한다. 학습자용 가이드북을 집단적인 교수 상

황에서 활용할 때 교수자가 참고하거나 활용할 수 있는 다양한 지침은 교수자용 가이드북에 제시되어 있다.

학습자용 가이드북은 처음부터 순차적으로 학습해도 좋으나 먼저 사전확인을 통해서 부족한 부분을 확인하고, 그에 따라 중점적으로 학습하는 것이 효과적이다. 즉 가이드북 활용안내 다음에 제시된 사전확인 부분을 활용하여 현재 자신의 자기개발능력 수준을 스스로 확인할 필요가 있다.

사전확인은 학습모듈별로 구성되어 있다. 확인결과 자신의 수준이 충분한 부분은 다음 학습활동으로 넘어가고, 부족한 부분은 확인 문항별로 제시된 관련 학습모듈 및 페이지를 참고하여 해당 학습활동을 학습하여야 한다. 또한 확인결과에 따라서 순서를 재구성하여 학습하거나, 일부 학습내용은 제외하고 학습하여도 무방하나, 자기개발능력에 대한 전반적인 내용을 담고 있는 D-1 자기개발능력을 학습한 후에 세부 내용을 담고 있는 D-2-가 자아인식능력, D-2-나 자기관리능력, D-2-다 경력개발능력을 학습하는 것이 바람직하다.

학습활동은 사례, 활동, 내용으로 구성되어 있다. 학습활동에 대한 이해를 돕기 위한 대표적인 사례 및 학습자가 직접 작성하는 활동을 우선 학습한 다음 관련 내용을 학습해야 한다.

사후확인은 자신이 학습한 내용을 점검하기 위한 것으로 결과 수준에 따라 미흡한 경우 모듈 전체를 복습하고, 보통인 경우 부족한 부분을 복습하며, 우수한 경우 다음 모듈을 학습한다.

사전확인

체크리스트

다음은 모든 직업인에게 일반적으로 요구되는 자기개발능력 수준을 스스로 알아볼 수 있는 체크리스트이다. 본인의 평소 행동을 잘 생각해 보고, 행동과 일치하는 것에 체크해 보자.

문항	그렇지 않은 편이다	그저 그렇다	그런 편이다
1. 나는 자기개발이 무엇인지 설명할 수 있다.	1	2	3
2. 나는 직업인의 자기개발이 왜 필요한지를 설명할 수 있다.	1	2	3
3. 나는 자기개발이 어떻게 이루어지는가를 이해하고, 자신을 관리하며, 경력을 개발하는 과정을 설명할 수 있다.	1	2	3
4. 나는 자기개발을 방해하는 요인에 대하여 설명할 수 있다.	1	2	3
5. 나는 나에게 적합한 자기개발 계획을 수립할 수 있다.	1	2	3
6. 나는 자아인식이 왜 중요한지에 대하여 설명할 수 있다.	1	2	3
7. 나는 나를 알아가는 여러 가지 방법들을 설명할 수 있다.	1	2	3
8. 나는 직업인으로서 나의 장단점, 흥미, 적성 등을 설명할 수 있다.	1	2	3
9. 나는 자아인식에서 자기성찰이 왜 중요한지를 설명할 수 있다.	1	2	3
10. 나는 직업인으로서 나의 발전목표를 스스로 수립할 수 있다.	1	2	3
11. 나는 나의 내면(인내심, 긍정적인 마음)을 관리할 수 있다.	1	2	3
12. 나는 여러 가지 방법을 활용하여 나의 업무수행 성과를 높일 수 있다.	1	2	3

문항	그렇지 않은 편이다	그저 그렇다	그런 편이다
13. 나는 합리적인 의사결정과정에 따라 의사결정을 할 수 있다.	1	2	3
14. 나는 경력개발이 무엇인지 설명할 수 있다.	1	2	3
15. 나는 일반적인 경력단계가 어떻게 이루어지는지 설명할 수 있다.	1	2	3
16. 나는 나의 경력개발 단계에 따라 계획을 수립할 수 있다.	1	2	3
17. 나는 경력개발과 관련된 최근의 이슈가 무엇인지 설명할 수 있다.	1	2	3

확인방법

체크리스트의 문항별로 자신이 체크한 결과를 아래 표에 적어 보자.

문항	수준	개수	학습모듈	Page
1~6번	그렇지 않은 편이다.	( )개	D-1. 자기개발능력	11~25
	그저 그렇다.	( )개		
	그런 편이다.	( )개		
7~10번	그렇지 않은 편이다.	( )개	D-2-가. 자아인식능력	27~40
	그저 그렇다.	( )개		
	그런 편이다.	( )개		
11~14번	그렇지 않은 편이다.	( )개	D-2-나. 자기관리능력	41~59
	그저 그렇다.	( )개		
	그런 편이다.	( )개		
15~18번	그렇지 않은 편이다.	( )개	D-2-다. 경력개발능력	61~85
	그저 그렇다.	( )개		
	그런 편이다.	( )개		

확인결과

확인방법에 따라 자신의 수준을 진단한 후, 한 문항이라도 '그렇지 않은 편이다'가 나오면 그 부분이 부족한 것으로, 제시된 학습내용과 페이지를 참조하여 해당하는 학습내용을 학습해보자.

학습모듈

학습모듈 D-1

자기개발능력

자기개발능력은 직업인으로서 자신의 능력과 적성, 특성 등을 이해하고 목표 성취를 위해 스스로를 관리하며 개발해 나가는 능력을 의미한다. 직업인이 조직 내에서 조직의 목표를 잘 수립하고 달성하기 위해서는 먼저 자기개발능력을 함양해야 한다.

학습목표

일반 목표

일터에서 직업인으로서 자신의 능력, 적성, 특성 등의 이해를 기초로 자기발전 목표를 스스로 수립하고 성취해 나가는 능력을 기른다.

세부 목표

1. 자기개발의 의미와 중요성을 설명할 수 있다.
2. 자기개발의 방법과 이와 관련된 장애요인을 해결할 수 있다.
3. 자기개발 계획과 전략을 수립할 수 있다.

주요용어

자기개발 자아인식 자기관리
경력개발 장애요인

학습활동

자기개발의 개념

A와 B는 입사 동기이다. A는 직장 내 새로운 정책이나 프로그램이 도입될 때마다 익숙해지기 위하여 노력한 결과, 직장 내에서 인정받는 핵심인재가 되어 승진을 거듭하였다. 반면에 B는 자신에게 익숙한 기존의 방식만 고수하며, 승진에서 거듭 실패하고 있다. 자기개발이 필요한 이유가 무엇인지를 알아보자.

지식의 생성, 소멸 주기가 짧아지고 있으며 평생직장이라는 말이 사라져 가는 오늘날 우리는 자신을 꾸준히 계발하여 가치를 높여야 하는 압력을 받고 있다. 또한 AI, IoT, 로보틱스. VR 등의 첨단기술로 대표되는 4차 산업혁명 시대에는 전통적인 일자리가 사라지거나, 새로운 방식으로 업무를 처리해야 하는 일자리로 바뀌고 있다. 수많은 서적들이 자기개발, 처세술, 자기경영, 4차 산업혁명 대비 일자리 지키기 등에 대한 내용을 담고 있으며, 많은 자기개발 성공사례들이 각종 매체를 통해 쏟아지고 있다. 그만큼 요즈음에는 자기개발, 자기개발능력의 중요성이 강조되고 있으며 변화하는 시대에 적응하기 위한 자기개발을 하지 않는 직업인은 대체되기 쉽다.

사례

누가 내 치즈를 옮겼을까?

스펜서 존슨이 지은 책, 〈누가 내 치즈를 옮겼을까〉에는 생쥐 스니프와 스커리, 꼬마인간 허와 헴이 나온다. 이들은 미로 속을 헤맨 끝에 치즈가 가득 찬 창고를 찾아낸다. 생쥐들은 매일 창고를 점검했지만 꼬마인간들은 맛있는 치즈를 먹는 즐거움에 빠져 정신없이 지낸다.

창고가 비어 버리자 생쥐들은 현실을 인정하고 곧 새로운 치즈를 찾아 나서지만, 허와 헴은 깜짝 놀라 “누가 내 치즈를 옮겼을까”라고 소리친다.

허는 사태분석이나 기다림이 부질없다고 생각하고 새로운 치즈를 찾아 떠나지만, 헴은 “난 늙었다. 길을 잃고 헤매기 싫다. 여기 남아서 문제의 원인을 끝까지 파헤치겠다”라고 우긴다.

많은 고난과 역경을 이겨낸 허는 마침내 새로운 치즈를 발견하게 되고, 헴은 아무 것도 얻지 못한다.

활동

'누가 내 치즈를 옮겼을까?'의 내용을 통해, 우리를 둘러싼 상황은 변화하고 있으며 이러한 변화에 대응하지 못하면 새 치즈(우리가 원하는 것)를 얻을 수 없다는 사실을 알 수 있다.

1. 나에게 닥친 변화는 어떠한 것이 있을까?

2. 변화에 대응하기 위해 나는 어떠한 노력을 해야 하는지 알아보자

3. 다가올 미래의 변화에는 어떤 것이 있을지 작성해보자.

4. 미래의 변화에 대비해 어떠한 준비를 할 것인지 작성해보자.

내용

20세기 후반부터 사용하기 시작한 자기개발이라는 용어는 이제 우리 주변에서 쉽게 들을 수 있다.

자기개발은 자신의 능력, 적성 및 특성 등에 있어서 강점과 약점을 찾고 확인하여 강점을 강화시키고, 약점을 관리하여 성장을 위한 기회로 활용하는 것이며, 직업기초능력으로서 자기개발능력은 직업인으로서 자신의 능력, 적성, 특성 등의 이해를 기초로 자기 발전 목표를 스스로 수립하고 성취해 나가는 능력이다.

◈ 자기개발은 왜 하는 것일까?

자기개발의 필요성을 이해하기 전에 먼저 변화의 필요성을 인식할 필요가 있다. 사람들은 관성의 법칙에 따라 현재 하고 있는 일을 지속적으로 하길 원하며, 새로운 변화에 의해 자신이 안주하고 있는 환경이나 상태가 불안정해지는 것을 원치 않는 경우가 많다. 그러나 변화는 낡은 습관을 버리고 끊임없이 새롭고 좋은 습관으로 바꾸는 것으로, 삶의 과정이다. 상황에 맞게 성장, 변화할 때 우리는 성공하는 삶을 살 수 있다.

첫째, 자기개발은 변화하는 환경에 적응하기 위해서 이루어진다. 우리를 둘러싸고 있는 환경은 끊임없이 변화하고 있으며, 그 변화의 속도는 점점 빨라지고 있다. 우리가 가지고 있는 지식이나 기술이 과거의 것이 되지 않도록 환경 변화에 따라 지속적인 자기개발 노력이 요구된다.

둘째, 직업생활에서의 자기개발은 효과적으로 업무를 처리하기 위하여, 즉 업무의 성과를 향상시키기 위하여 이루어진다.

셋째, 자기개발은 주변 사람들과 긍정적인 인간관계를 형성하기 위해서도 필요하다. 자기개발에 있어서 자기관리는 매우 중요한 요소이다. 자신의 내면과 시간, 생산성을 관리하는 등의 자기관리는 좋은 인간관계의 형성과 유지의 기반이 되기도 한다.

넷째, 자기개발은 자신이 달성하고자 하는 목표를 성취하기 위해서 해야 한다. 자기개발을 하기 위해서는 자신의 비전을 발견하고 장단기 목표를 설정해야 한다. 이와 같이 자기개발은 자신의 목표를 발견하고 성취하도록 도와준다.

다섯째, 개인적으로 보람된 삶을 살기 위해서 자기개발을 한다. 자기개발을 하게 되면 자신감을 얻게 되고, 삶의 질이 향상되어 보다 보람된 삶을 살 수 있다.

◈ 자기개발의 특징은 무엇일까?

자기개발 및 자기개발능력을 이해하기 위하여 이와 관련한 몇 가지 특징을 정리하면 다음과 같다. 첫째, 자기개발에서 개발의 주체는 타인이 아니라 자기 자신이다. 자기를 개발한다고 하는 것은 스스로 계획하고 실행한다는 의미이다. 이와 더불어 자기개발의 객체도 자기 자신이므로 자신의 능력, 적성, 특성 등을 이해하고, 목표성취를 위해 스스로를 관리하며 개발하는 것으로 이해될 수 있다. 따라서 자기개발에서는 자신을 이해하는 것이 첫 걸음이라고 할 수 있다.

둘째, 자기개발은 개별적인 과정으로서 사람마다 자기개발을 통해 지향하는 바와 선호하는 방법 등이 다르다. 따라서 개인은 자신의 이해를 바탕으로, 자신에게 앞으로 닥칠 환경 변화를 예측하고 자신에게 적합한 목표를 설정하며 자신에게 알맞은 자기개발 전략이나 방법을 선정하여야 한다.

셋째, 자기개발은 평생에 걸쳐서 이루어지는 과정이다. 사람들은 흔히 자기개발을 학교단계에서 이루어지는 교육이라고 생각하거나 어떤 특정한 사건이나 요구가 있을 때에 일시적으로 이루어지는 과정이라고 생각하기도 한다. 그러나 우리의 직업생활을 둘러싸고 있는 환경은 끊임없이 변화하고 있으며 우리에게 지속적으로 학습할 것을 요구한다. 우리는 날마다 조금씩 다른 상황에 처하게 되며, 학교 교육에서는 원리, 원칙에 대한 교육이 이루어질 뿐이므로 실생활에서 적응하기 위해서는 지속적인 자기개발이 필요하다.

넷째, 자기개발은 일과 관련하여 이루어지는 활동이다. 우리의 인생은 일과 밀접한 관련이 있으며, 현재 직업을 가지고 있지 않더라도 직업을 탐색하고 이를 준비하는 과정을 거친다. 우리는 대부분 일과 관련하여 인간관계를 맺으며, 일과 관련하여 우리의 능력을 발휘하고 개발하고자 한다.

다섯째, 자기개발은 생활 가운데 이루어져야 한다. 기개발을 위해 특정 교육훈련기관에서 교육프로그램을 이수할 수도 있다. 하지만 자신이 현재 하고 있는 직무 혹은 지향하는 직업세계와 관련하여, 자신의 역할 및 능력을 점검하고 개발계획을 수립하며 시간을 관리하고 대인관계를 맺고 감정을 관리하고 의사소통을 하는 것도 자기개발이라 할 수 있다.

여섯째, 자기개발은 모든 사람이 해야 하는 것이다. 사람들은 흔히 자기개발이 특정한 사람만이 하는 것이라고 생각하거나 매우 어려운 일이라고 생각한다. 그러나 자기개발은 자신을 개발하여 효과적으로 업무를 수행하고, 현대사회와 같이 급속하게 변화하는 환경에 적응하고자 하며, 자신이 설정한 목표를 달성하고, 보다 보람되고 나은 삶을 영위하고자 노력하는 사람이라면 누구나 해야 하는 것이다.

자기개발 방법과 방해요인

누구나 자기개발을 하려고 결심은 했지만, 구체적으로 어떻게 해야 할지 몰라서 고민해 본 경험이 있을 것이다. 자기개발의 절차나 방법에 대하여 알아보고, 이를 방해하는 요인은 무엇인지 생각해 보자.

자기개발은 자신의 능력, 적성 및 특성 등의 객관적 이해에 기초하여 자기개발 목표를 스스로 수립하고 성취해 나가는 것으로 자기인식, 자기관리, 경력개발로 이루어진다. 자기개발의 중요성에 공감하더라도 자기개발을 실행하는 일은 쉽지 않다. 자기개발을 방해하는 여러 가지 장애요인이 있기 때문이며, 장애요인에는 내재적 요인과 외재적 요인이 있다.

사례

미래의 직장인 K씨의 자기개발

K씨는 입사 3년 차다. 신입사원으로 들어왔을 때는 나름대로 촉망받는 인재였지만 3년 동안 업무에 시달리다 보니 자기개발에 소홀하게 되었고, 새로 들어오는 신입사원보다 새로운 시스템이나 프로그램을 다루는 데 있어 자신의 능력이 뒤떨어진다고 느끼게 되었다. K씨는 자신의 전문성을 신장시키고 다른 사람과 차별성을 유지할 수 있는 일을 배워보기로 결심했다.

그런데 막상 결심은 하였으나 어떤 것을 시작해야 될지 막막하였다. 그래서 그는 빈 종이를 들고 다음과 같이 떠오르는 생각을 적어 나갔다.

'나는 어떤 능력을 개발해야 되는가?'
'나에게 부족한 능력은 무엇인가?'
'이 능력은 어떻게 개발할 수 있는가?'
'나의 장기적인 경력에서 이 능력은 어떻게 활용될 수 있는가?'
'이를 방해하는 것들은 무엇이 있는가'

활동

'K씨의 자기개발' 사례에서 K씨는 어떤 고민을 하고 있는가? 이를 참고하여 자신에 대한 인식, 자기 관리, 경력개발과 관련해서 해야 될 일과 이를 실행하는 데 방해가 되는 요인이 무엇인지 자유롭게 작성해 보자.

자아 인식 직업생활과 관련하여 자신의 가치, 신념, 흥미, 적성, 성격 등 자신이 누구인지 아는 것

- **(나의 장점은 무엇일까)**
-
-
-

자기 관리 자신을 이해하고, 목표성취를 위해 자신의 행동 및 업무수행을 관리하고 조정하는 것

- **(업무의 생산성을 높이기 위해서는 어떻게 해야 할까?)**
-
-
-

경력 개발 개인의 일과 관련된 경험에서 목표와 전략을 수립하고 실행하며 피드백하는 과정

- (경력개발과 관련된 최근의 이슈는 어떤 것이 있을까?)
-
-
-

방해 요인 자기개발계획을 수립하고 이를 실현하는 데 방해가 되는 요소

- (자기개발계획을 수립하는 데 방해가 되는 요소들은 무엇이 있을까?)
- (내재적 요인) ex) 게으름, 소극적 태도, 방법을 몰라서
- (외재적 요인) ex) 금전적인 이유, 거리가 멀어서, 직장환경 등
-
-
-
-
-

내용

직업인은 직업생활에서 자신의 능력 및 적성을 파악하고, 목표성취를 위해 자신을 관리하고 통제하며, 경력목표 성취에 필요한 역량을 신장시켜 자신을 개발해야 한다. 자기개발은 다음과 같이 자기인식, 자기관리, 경력개발로 이루어진다.

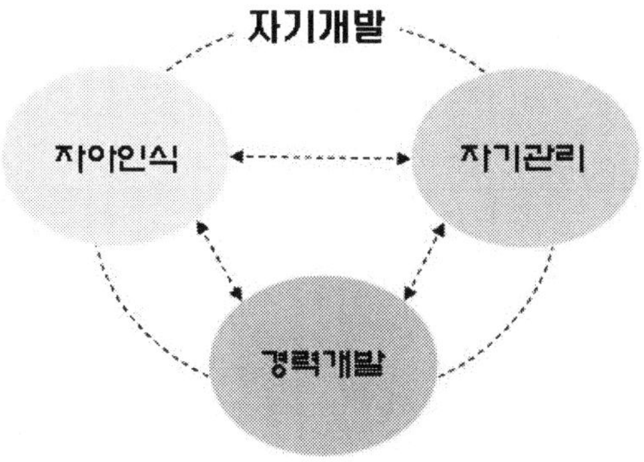

◈ 자아인식이란?

직업인의 자아인식이란 직업생활과 관련하여 자신의 가치, 신념, 흥미, 적성, 성격 등 자신이 누구인지 파악하는 것이다. 자아인식은 자기개발의 첫 단계가 되며 자신이 어떠한 특성을 가지고 있는지를 바르게 인식할 수 있어야 적절한 자기개발이 이루어질 수 있다. 자신을 알아가는 방법으로는 내가 아는 나를 확인하는 방법, 다른 사람과의 대화를 통해 알아가는 방법, 표준화된 검사 척도를 이용하는 방법 등이 있다.

◈ 자기관리란?

자기관리란 자신을 이해하고, 목표를 성취하기 위해 자신의 행동 및 업무수행을 관리하고 조정하는 것이다. 자기관리는 자신에 대한 이해를 바탕으로 비전과 목표를 수립하며, 이에 대한 과제를 발견하고, 자신의 일정을 수립하고 조정하여 자기관리를 수행하고, 이를 반성하여 피드백하는 과정으로 이루어진다.

◈ 경력개발이란?

경력은 일생에 걸쳐서 지속적으로 이루어지는, 일과 관련된 경험이며 경력개발은 개인의 경력목표와 전략을 수립하고 실행하며 피드백하는 과정이다. 직업인은 한 조직의 구성원으로서 자신의 조직과 함께 상호작용하며 자신의 경력을 개발해 나가는 특징을 가진다. 경력개발은 자신과 상황을 인식하고 경력관련 목표를 설정하여 그 목표를 달성하기 위한 과정인 경력계획과, 경력계획을 준비하고 실행하며 피드백하는 경력관리로 이루어진다.

자기개발계획 수립과 자기개발전략

의류회사 판매부서의 S부장은 이 회사에서 가장 승진이 빠를 정도로 인정을 받고 있다. 이는 S부장이 항상 구체적인 계획에 따라 자신의 일을 열심히 하며, 다른 사람과도 돈독한 인간관계를 형성하고 있기 때문이다. 또한 S부장은 자신의 업무 경험을 블로그에 기록하여 직업생활을 공유하고 있다. 이러한 S부장의 블로그는 처음 직업생활을 시작한 새내기 사원들에게는 물론 높은 지위의 임원급들에게도 인기를 얻고 있다. 그 결과, S부장을 영입하려는 경쟁회사들도 생겨났다. S부장과 같이 성공하기 위해 자기개발 계획을 수립하여 보자.

직업인들은 매일의 반복적인 업무 속에서 자신의 미래에 대한 아무런 소망이나 계획 없이 살아가는 경우가 있다. 그러나 미래에 대한 명확한 청사진이 있는 사람은 자신을 개발하기 위해 부단히 노력하게 된다. 자기개발 계획을 수립하기 위해서는 어떻게 해야 하는지 알아보자.

사례

성공하려면 어떻게 자기개발을 계획해야 할까?

한 의류회사의 판매부서에서 근무하고 있는 S부장은 이 회사에서 가장 젊은 나이에 부장으로 승진한 유명인사다. 그의 일하는 모습을 알고 있는 사람들은 그가 부장으로 승진할 만한 충분한 이유가 있다고 생각한다.

S부장은 철저하게 계획을 세우고 행동하는 사람으로 무슨 일을 하든지 장단기 계획을 수립한다. 자신의 인생계획에 있어서도 자신이 쌓아야 할 직무지식이나 인간관계에 대한 장단기 플랜을 가지고 있다. 또한 S부장은 인간관계가 좋기로 유명하다. 한 번 그와 관계를 맺은 사람은 그를 신뢰하고 지속적으로 관계를 맺으려고 한다.

그는 자신의 일을 잘 알고 있지만 끊임없는 탐구를 통해 앞선 지식을 습득하고 있다. 회사에 제일 먼저 출근하는 규칙적인 생활습관을 갖고 있어서 아침형 인간으로도 유명하다. 또한 어디서든 메모하는 습관을 지녀 자신의 지식을 넓혀 나간다. 그는 매사 긍정적인 마인드와 자신감을 갖는 것이 중요하다고 말한다. "내가 가장 잘하는 일이다."라는 자신감을 갖고 있는 것이다.

활동

지금의 자기를 점검하여 자기개발 계획을 구체적으로 세워야 한다. 부족한 부분을 보완하는 방법에 집중하여 보다 효과적으로 자신을 개발할 수 있게 된다. 이렇게 하면 궁극적으로 인생에서의 성공을 기대할 수 있게 된다.

작성 일시: 년 월 일 작성자:

경과년도	내가 바라는 모습 (목표)	구체적인 자기개발 방법
1년 후		
5년 후		

나의 주변에서 성공적인 사람들을 찾아보고 참고해 보자. 그들이 갖고 있는 자기개발 방법은 어떠한 것들이 있으며, 나와의 차이점은 무엇일까?

내용

새로운 길을 찾아가기 위해서는 지도가 필요한 것처럼 우리가 살아가기 위해서는 인생의 청사진이 필요하다. 미래의 계획을 세우고 이를 달성하기 위하여 끊임없이 자기를 개발한다면 누구나 성공할 수 있다. 그러나 자기개발 계획을 구체적이고 실현가능하게 세우기란 쉽지 않다.

◈ 자기개발 설계 전략

자기개발에 대한 계획을 수립한다고 해서 모든 목표를 달성할 수 있는 것은 아니다. 자기개발 목표를 성취하기 위해서는 다음과 같은 전략을 고려하여 목표를 수립하고 방법을 선정하여야 한다.

• 장단기 목표를 수립한다.

장단기를 구분하는 기준은 생애전환기(결혼, 취직, 이직 등)에 따라 바뀔 수도 있으나 보통 장기목표는 5~20년 뒤를 설계하며, 단기목표는 1~3년 정도의 목표를 의미한다. 장기목표는 자신의 욕구, 가치, 흥미, 적성 및 기대를 고려하여 수립하며 직장에서의 일과 관련하여 직무의 특성, 타인과의 관계 등을 고려해야 한다. 단기목표는 장기목표를 이룩하기 위한 기본단계가 되며, 이를 위해 필요한 직무관련 경험, 개발해야 될 능력 혹은 자격증, 쌓아두어야 할 인간관계 등을 고려하여 수립한다.

• 인간관계를 고려한다.

우리는 가족, 친구, 직장동료, 부하직원, 상사, 고객 등 많은 인간관계를 맺고 살아가고 있으므로 이러한 관계를 고려하지 않고 자기개발 계획을 수립한다면 계획을 실행하는 데 어려움을 겪게 된다. 또한 다른 사람과의 관계를 발전시키는 것도 하나의 자기개발 목표가 될 수 있다.

• 현재의 직무를 고려한다.

직업인이라면 현재의 직무와 관계된 일을 계속하든, 전혀 새로운 일을 탐색하여 수행하든 현재의 직무상황과 이에 대한 만족도가 자기개발 계획을 수립하는 데 중요한 역할을 담당하게 된다. 따라서 현 직무를 담당하는 데 필요한 능력과 이에 대한 자신의 수준, 개발해야 할 능력, 관련된 적성 등을 고려해야 한다.

- **구체적인 방법으로 계획한다.**

애매모호한 방법으로 계획을 세우면 어떻게 해야 하는지 명확하게 알 수가 없어서 중간에 적당히 하게 되거나 효율적이지 못해 노력을 낭비하게 된다. 자신이 수행해야 할 자기개발 방법을 명확하고 구체적으로 수립하면 집중적이고 효율성 있게 노력할 수 있고, 이에 대한 진행과정도 손쉽게 파악할 수 있다. '영어 공부하기'라는 추상적인 방법보다 '1시간 일찍 출근해서 매일 영어 공부하기'처럼 구체적인 방법으로 계획하는 게 좋다. 다만 장기목표는 경우에 따라 구체적인 방법을 계획하는 것이 어렵거나 바람직하지 않을 수 있다.

- **자신을 브랜드화한다.**

나를 브랜드화하는 방법은 단순히 자신을 알리는 것을 넘어 자신을 다른 사람과 차별화하는 특징을 밝혀내고 이를 부각시키기 위해 지속적인 자기개발을 하며 알리는 것(PR:Public Relations)을 말한다.

자신을 브랜드화하기 위해서는 남들과는 다른 자신만의 차별성을 강조해야 한다. 자신을 알리는(PR) 구체적인 방법으로는 소셜네트워크와 인적네트워크 활용, 경력 포트폴리오를 구성 등이 있다.

◈ 자기개발 계획 수립이 어려운 이유

학생이나 직업인 모두 자기개발 계획을 수립하는 전략을 알고 있다고 하더라도 자기개발 계획을 구체적으로 설계하는 일은 어려운 일이다. 이는 자기개발 계획을 수립하는 데 많은 장애요인이 있기 때문이다. 장애요인으로는 다음과 같이 자신이나 작업에 대한 정보가 부족, 의사결정에 대한 자신감의 부족, 주변 환경의 문제가 있을 수 있다.

① 자기정보의 부족: 자신의 흥미, 장점, 가치, 라이프스타일을 충분히 이해하지 못함
② 내부 작업정보 부족: 회사 내의 경력기회 및 직무 가능성에 대해 충분히 알지 못함
③ 외부 작업정보 부족: 다른 직업이나 회사 밖의 기회에 대해 충분히 알지 못함
④ 의사결정시 자신감의 부족: 자기개발과 관련된 결정을 내릴 때 자신감 부족
⑤ 일상생활의 요구사항: 개인의 자기개발 목표와 일상생활(예 가정) 간 갈등
⑥ 주변상황의 제약: 재정적 문제, 연령, 시간 등

학습정리

1. 직업인은 조직 내에서 자신의 능력, 적성, 특성 등의 객관적 이해에 기초하여 자기 개발 목표를 스스로 설정하고 자기관리를 통하여 성취해 나가는 자기개발능력을 필수적으로 갖춰야 한다.

2. 직업인은 효과적으로 업무를 처리하기 위해서, 변화하는 환경에 적응하기 위해서, 주변사람들과 긍정적인 인간관계를 형성하기 위해서, 자신이 달성하고자 하는 목표를 성취하기 위해서, 보람된 삶을 살기 위해서 자기개발을 해야 한다.

3. 자기개발은 주체와 객체가 모두 자신이며, 사람마다 자기개발을 통해 지향하는 바가 모두 다르다. 또한 자기개발은 평생에 걸쳐 이루어지는 과정으로 일과 관련되어 생활가운데 이루어지며, 특정한 사람뿐만 아니라 모든 사람들에게 필요하다.

4. 직업인은 자신의 특성을 아는 자기인식, 자신을 이해하고 목표를 성취하기 위하여 자신의 행동 및 업무수행을 관리하고 조정하는 자기관리, 개인의 경력목표와 전략을 수립하고 실행하며 피드백하는 경력개발을 통해 자기개발을 도모한다.

5. 사람들은 자기개발의 중요성에 공감하더라도 자기개발에 실패하는 경우가 있다. 따라서 직업인은 인간의 욕구와 감정을 통제하여 자기개발에 대한 태도를 잘 형성하고, 제한적인 사고를 벗어나 자신을 객관적으로 파악하며, 현재 익숙한 문화에 안주하지 않으려고 노력해야 한다.

6. 자기개발 계획을 수립하여야 보다 명확하게 방향성을 가지고 노력할 수 있다. 직업인은 장단기 목표를 수립하고, 인간관계와 현재의 직무를 고려하여, 구체적인 방법을 통해 자기개발을 계획하여야 한다.

2. 하위능력별 학습

학습모듈 D-2-가 자아인식능력

자아인식능력은 자신의 흥미, 적성, 특성 등을 이해하여 자기정체감을 확고히 하는 능력이다. 자아인식은 직업생활에서 자신의 요구를 파악하고 자신의 능력 및 기술을 이해하여 자신의 가치를 인식하는 것으로 개인과 팀의 성과를 높이는 데 필수적으로 요구된다. 직업인이 자신의 역량 및 자질을 개발하기 위해서는 자신을 이해하는 것이 선행되어야 한다.

학습목표

일반목표	직업생활에서 다양한 방법으로 자신의 장단점, 흥미, 적성 등을 분석하여 자신의 가치를 설명할 수 있다.
세부목표	1. 자아인식의 의미와 방법을 생각해 볼 수 있다. 2. 일과 관련된 자기의 특성을 파악할 수 있다. 3. 자신이 한 일에 대해 반성적으로 성찰할 수 있다.

주요용어

자아 표준화검사 흥미 적성 반성적 성찰

학습활동

자기인식의 의미와 방법

직업인들은 자신이 현재 하고 있는 일이 적성에 맞는지 고민해본 경험이 한 번씩은 있을 것이다. 자동차 판매회사에 다니는 K씨는 열심히 업무를 수행하지만, 자동차 영업이라는 일이 자신의 성격과 능력에 맞지 않는 것 같아 고민하고 있다. 이처럼 자신의 특성을 먼저 알아야 업무성과를 높이기 위한 자기개발도 시작될 수 있다. 나를 안다는 것이 무엇이며, 자신을 알아가는 방법에는 어떠한 것이 있는지 생각해 보자.

자기 자신의 특성을 잘 알고 이를 잘 활용하는 사람이 있는 반면, 자신의 특성을 모르고 있는 사람도 있다. 자신을 잘 안다면 업무 및 직업생활을 효과적으로 수행할 수 있다.

사례

자신의 적성과 맞는가?

K씨는 학창시절 혼자 있는 것을 좋아하고 수줍음이 많아 친구가 많지 않았다. 하지만 그림 그리는 것을 좋아하고 그림 실력이 뛰어나 대회에서 입상하는 등 미술에 두각을 나타내는 학생이었다. 대학도 그의 능력을 살려 미술특기생으로 들어갔다.

수년 뒤 K씨는 대학 졸업 후 취업을 고민하다 자동차 판매회사 영업부에 취직하였다. K씨는 입사한 지 3년이 지났지만, 판매영업에 늘 소극적이고 자신이 없었다. 직장 동기가 이번 분기 판매왕이 되었지만 K씨는 성과가 늘 저조해 고민이 많았다.

사실 K씨는 판매라는 직업이 자신과 맞지 않는다는 생각을 오래전부터 해왔지만 이미 정한 직업이고 3년 동안 다닌 직장이기 때문에 쉽게 되돌릴 수도 없어 고민이 되었다.

활동

현재 나의 모습들을 알아보자. 나의 특징들과 내가 생각하는 직업이 맞는지에 대하여 생각해 보자.

<table>
<tr><td>이름</td><td></td><td>생년월일</td><td></td></tr>
<tr><td>직업</td><td></td><td>근무연수</td><td></td></tr>
<tr><td>결혼여부</td><td colspan="3">□ 미혼 □ 기혼</td></tr>
<tr><td>가족사항</td><td colspan="3"></td></tr>
<tr><td>보유재산</td><td colspan="3"></td></tr>
<tr><td>가치관</td><td colspan="3"></td></tr>
<tr><td>나의 건강 상태</td><td colspan="3"></td></tr>
<tr><td>다른 사람
(가족, 동성친구,
이성친구 혹은 배우자
등)과의 관계</td><td colspan="3"></td></tr>
<tr><td>내가 생각하는
나의 성격</td><td colspan="3"></td></tr>
<tr><td>나의 직업흥미</td><td colspan="3"></td></tr>
<tr><td>나의 직업적성</td><td colspan="3"></td></tr>
<tr><td>현재 내가 해야 할
중요한 일</td><td colspan="3">①
②
③</td></tr>
<tr><td>나의 소망</td><td colspan="3">①
②
③</td></tr>
</table>

내용

중국 전국시대 병법서인 손자에서 '지피지기 백전불태(知彼知己百戰不殆)'이라 했다. 그만큼 자신을 제대로 아는 것은 매우 중요하며 기본이 되는 일이다.

◈ 나를 안다는 것은

나를 안다는 것은 자신의 가치, 신념, 태도 등을 아는 것을 넘어서 이것들이 자신의 행동에 어떻게 영향을 미치는가를 아는 것이다.

한 사람이 직업인으로서 자신이 원하는 직업을 갖고 그 일을 효과적으로 수행하기 위해서는 장기간에 걸친 치밀한 준비와 노력이 필요하며, 자신을 분명하게 아는 것이 선행되어야 이러한 준비와 노력이 적절히 이루어질 수 있다. 즉 직업인으로서 자아인식이란 다양한 방법을 활용하여 자신이 어떤 분야에 흥미가 있고, 어떤 능력의 소유자이며, 어떤 행동을 좋아하는지를 종합적으로 분석하여 이해해야 한다.

자기를 지각하고 그 지각된 내용을 체계화시킴으로써, 자신을 존중하고 자신을 가치 있다고 여기는 동시에 자신의 한계를 인식하고 이를 더 보완해야 되겠다는 욕구를 가질 수 있다. 이러한 자아 인식 노력은 자아존중감을 확인시켜 주며 동시에 자기개발의 토대가 된다. 직업인으로서 자아인식은 직업생활에서 자신의 요구를 파악하고 자신의 능력 및 기술을 이해하여 자신의 가치를 확신하는 것으로 개인과 팀의 성과를 높이는 데도 필수적으로 요구된다.

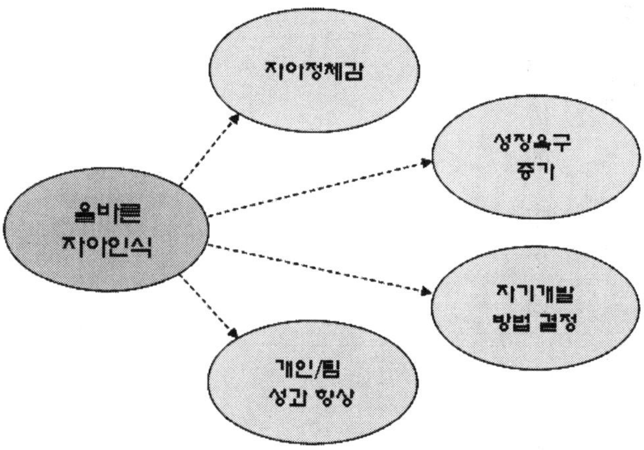

◈ 자아의 개념과 자아존중감

자아(自我)는 자신에 대한 인식과 신념의 체계적이고 일관된 집합이다. 자아는 내면적인 성격이며, 정신이라고 할 수 있다. 자아는 사람이 자신의 삶에서 갖고 있는 경험과 경험에 대한 해석에 영향을 받는다.

자아존중감이란 개인의 가치에 대한 주관적인 평가와 판단을 통해 자기결정에 도달하는 과정이며, 스스로에 대한 긍정적 또는 부정적 평가를 통해 가치를 결정짓는 것이다. 이러한 가치 판단은 자신의 정체성 형성에 영향을 주는 중요한 요소이다. 자아존중감은 주변의 의미 있는 타인에게 영향을 받으며, 환경에 적응할 수 있도록 도움을 줘 긍정적인 자아형성에 매우 중요하다.

자아존중감은 다른 사람들이 자신을 가치 있게 여기며 좋아한다고 생각하는 정도인 가치 차원, 과제를 완수하고 목표를 달성할 수 있다는 신념의 능력 차원, 자신이 세상에서 경험하는 일들과 거기에 영향을 미칠 수 있다고 느끼는 정도의 통제감 차원으로 구분할 수 있다.

◈ 나를 아는 방법은

내가 어떠한 사람인지 알아내는 방법은 여러 가지가 있다. 우선 스스로 질문을 통해 알아내는 방법이 있으며, 다른 사람의 의견이나 표준화된 검사 도구를 활용하여 알아낼 수도 있다.

일과 관련하여 다른 사람이 알 수 없는 나를 알기 위해서 다음과 같은 질문을 해보는 것도 좋다.

- 일을 할 때 나의 성격의 장단점은 무엇인가?
- 현재 일과 관련된 나의 부족한 부분은 무엇인가?
- 일과 관련한 나의 목표는 무엇인가?
- 그것은 나에게 어떠한 의미가 있는가?
- 지금 현재 내가 하고 있는 일이 정말로 내가 원했던 일을 하고 있는가?

다른 사람과의 대화를 통해 자신이 어떠한 사람인지 생각해 볼 수 있다. 다른 사람과 대화를 하다 보면 내가 무심코 지나쳤던 부분들을 알게 되고, 다른 사람들은 나에 대하여 어떻게 판단하고 있는지를 객관적으로 알 수 있다. 다음과 같은 질문을 통해서 다른 사람이 생각하는 나를 확인할 수 있다.

- 나의 장단점은 무엇인가?
- 내가 무엇을 하고 있을 때 가장 재미있어 보이는가?
- 어려움이나 문제 상황에 처했을 때 나는 어떠한 행동을 하는가?

자신을 알아가는 또 다른 방법으로는 표준화된 검사도구를 활용하는 것이다. 표준화된 검사도구는 자신을 다른 사람과 객관적으로 비교할 수 있는 척도를 제공한다. 여러 가지 검사도구를 활용하여 자신의 특성을 객관적으로 파악하면 이후 진로를 계획하거나 직업을 탐색하고 결정하는 데 도움을 받을 수 있다.

- **커리어넷(www.career.go.kr) :**
  직업흥미검사, 직업적성검사, 직업가치관검사
- **워크넷(www.work.go.kr) :**
  직업흥미검사, 적성검사, 직업가치관검사, 직업인성검사
- **한국행동과학연수소(www.kirbs.re.kr) :**
  적성검사, 인성검사, 직무지향성검사
- **한국심리검사연구소(www.kpti.com) :**
  MBTI, STRONG 진로탐색검사, 직업흥미검사, AMI 성취동기검사
- **한국적성연구소(www.juksungtest.co.kr) :**
  진로흥미검사, 적성특성종합검사, 일반적성검사, 진로탐색검사
- **중앙적성연구소(www.cyber-test.co.kr) :**
  생애진로검사, 학과와 직업 적성검사, GATB적성검사, 적성진단검사
- **한국사회적성개발원(www.qtest.co.kr) :**
  KAD(Korean Aptitute Development) 검사, 인성검사, 인적성검사

일과 관련된 나의 특성

같은 유치원 선생님으로 근무하는 A, B, C 세 사람은 같은 일을 하고 있지만 일을 하는 태도는 매우 다르다. A씨는 매일 불평을 하며, B씨는 별 관심이 없고, C씨는 모든 일이 즐겁다. 나는 내가 하는 일에 대하여 어떤 태도를 가지고 있을까? 현재 하고 있는 일을 흥미를 가지고 잘하려면 어떻게 해야 할까?

일을 하다 보면 이 일이 정말 자신에게 맞는 일인지 의구심이 들 때가 있다. 혹은 자신에게 맞는 일을 찾기 위해 많은 노력을 하기도 한다. 직장을 다니다 보면 같은 일을 하는데도 어떤 사람은 재미있게 하고, 어떤 사람은 차마 그만두지 못해서 하는 경우가 있다. 이러한 현상은 왜 일어나는 것일까? 일터에서 즐겁게 일을 할 수 있는 방법은 무엇일까?

사례

일과 행복

같은 유치원에서 일하는 A, B, C 세 사람은 일을 하는 태도에 있어서 차이를 보이고 있다.

A씨는 오늘도 불평이다. "왜 이렇게 힘들어?", "왜 이렇게 챙겨야 할 게 많은 거야?", "몇 번씩 같은 일을 해야 돼?", "정말 내가 그만두지 못해서 다닌다, 다녀."

B씨는 묵묵히 자신의 일을 하지만 그렇게 즐거워 보이지는 않는다. "직장은 돈을 버는 수단이지. 그때그때 일해서 돈을 많이 벌고, 편한 곳으로 옮겨야지", "나는 주말을 기다려. 주말에는 놀러 가야지."

C씨는 뭐가 그렇게 좋은지 오늘도 싱글벙글 이다. "이번 유치원 행사에 내가 낸 제안이 받아들여졌어. 너무 신나지 않아?", "아. 이렇게 교구를 만들면 아이들이 더 좋아하겠지? 다른 것도 만들어서 전시해야겠어."

활동

1. '일과 행복' 사례에서 A, B, C 세 사람이 같은 일을 하면서 다른 태도를 보이는 이유는 무엇일까?

구분	일에 대한 태도	이유
A		
B		
C		

2. 나는 내가 지금 하고 있는 일에 대해서 어떤 태도를 가지고 있는지 생각해 보자. 내가 하는 일 중 좋아하는 일과 싫어하는 일은 무엇인가? 또 그 이유는 무엇인가?

하고 있는 일		이유
좋아하는 일		
싫어하는 일		

3. 내가 현재 잘하는 일은 무엇인가? 이것을 잘 하기 위해서 어떤 노력을 해왔는가? 또한 현재 잘 못하는 일은 무엇인가? 이 일을 잘 하기 위해서 나는 어떤 노력을 할 수 있을까?

과거 ——— 현재 ———▶ 미래

이제까지의 노력		현재 잘 하는 일과 잘 못하고 있는 일		앞으로 노력해야 할 일
	➡		➡	

내용

사람에 따라서 일터에서 이루어지는 활동 등에 대해서 관심과 애착을 느끼는 정도가 다르며, 각기 잘하는 일도 다르다. 일터에 대한 흥미를 가지고 잘 할 수 있을 때에 사람들은 그 일터에 만족하고 잘 적응할 수 있다. 따라서 자신의 특성을 파악하고 그에 알맞은 일터를 선택할 필요가 있으며, 현재 자신이 하고 있는 일에 잘 적응하기 위하여 흥미를 높이고 자신의 재능을 개발할 필요가 있다.

◈ 흥미와 적성은 개발될 수 있다.

흥미는 일에 대한 관심이나 재미를 의미하며, 적성이란 개인이 잠재적으로 가지고 있는 재능, 개인이 보다 쉽게 잘 할 수 있는 주어진 학습 능력을 의미한다. 흥미와 적성은 개인에 따라서 다르기 때문에 각자 관심을 가지고 잘 할 수 있는 일이나 분야는 다르기 마련이다.

흥미나 적성은 선천적으로 부여되는 것이기도 하지만 후천적으로 개발되어야 되는 측면도 있다. 적성은 절대적으로 있고 없는 것이 아니라 상대적으로 더 많이 가지고 태어나는 잠재능력이다. 적성이 높다 해도 후천적으로 개발되지 않으면 소용없고, 적성이 낮아도 꾸준히 노력하면 어느 정도 능력 발휘가 가능하다. 따라서 경험을 통해 자신의 흥미나 적성을 발견하고 이를 적극적으로 개발하려는 노력이 중요하다.

일과 관련해서는 자신의 흥미나 적성과 맞지 않는다고 하여 현재까지 해왔던 일을 그만둘 수 없을 때가 많다. 따라서 자신이 처한 상황과 업무에 맞춰 흥미나 적성을 개발하는 노력을 강구해야 한다. 예를 들어 마인드 컨트롤을 통해 자신을 의식적으로 관리하는 방법을 깨닫게 되면 문제상황을 해결할 수 있다. '나는 이 일을 잘 할 수 있다', '지금 주어진 일이 나의 적성에 잘 맞는다'와 같은 자기암시를 하다보면 자신도 모르는 사이 자신감을 얻게 되어 흥미를 높일 수 있고 적성을 개발할 수 있다. 또한 일을 할 때, 너무 장기적인 목표나 추상적인 목표를 세우는 것이 아니라 단기적으로 이룰 수 있는 작은 단위로 시작하는 것이 좋다. 작은 성공의 경험들이 축적되어 조금씩 성취감을 느끼게 되면 다음에 해야 할 일도 흥미를 갖게 되어 더 잘 할 수 있다.

물론 흥미나 적성검사를 통해 자신에게 적합한 일을 찾는 데 도움을 줄 수 있지만 이것이 반드시 일터에서 성공을 의미하는 것은 아니다. 실제로는 일터에서의 조직문화, 조직풍토를 잘 이해할 수 있어야만 자신의 일에 잘 적응할 수 있고, 일에 대한 흥미를 높이고 적성을 개발할 수 있다.

반성의 의미

한 직장에 신입사원 두 명이 있다. 한 명은 자신이 한 일에 대하여 잘 한 일과 잘 못한 일, 어떻게 개선할 수 있을지를 생각해 보고, 다른 한 명은 자신이 한 일에 대한 반성 없이 일을 한다. 몇 년 뒤에 직장에서 두 사람의 위치는 어떻게 달라져 있을까? 이러한 성찰은 어떻게 하는 것인지 알아보자.

우리는 어떤 실수를 저지르면 '다음에는 이렇게 하지 말아야지' 생각하고서는 매번 같은 실수를 반복하곤 한다. 이는 어떤 문제가 발생했을 때에 깊이 있는 성찰 없이 지나치기 때문이다. 성찰은 어느 날 갑자기 되는 것이 아니라 지속적인 연습에 의해 몸에 익히게 되는 것이다. 숙련되는 것과 같다. 숙련의 형성은 일을 배우는 과정이다. 그 과정은 반드시 먼저 그 일에 숙련된 사람들의 가르침이 개입되는데 자기 자신이 주체가 되어 스스로 알아가야 하는 힘겨운 과정을 거쳐야만 가능하다. 계속된 성찰과 수많은 연습, 그리고 시행착오가 필요한 것이다.

사례

성찰의 힘

어떤 직장에 두 명의 신입사원이 있었다. 두 사람 다 아직까지 회사에 들어온 지 얼마 되지 않아 일이 서툴러서 실수를 하기 일쑤다. 오늘도 회사의 업무 지침대로 일을 해야 하는데 자신이 생각하는 방식대로 하다 실수를 저질렀다.

한 신입사원은 '사람이 실수할 수도 있지. 오늘은 과장한테 혼나고 운도 없네. 술이나 마셔야겠다.' 하고는 친구들을 만나 회사일이 어렵다는 푸념을 늘어놓으며 술을 마셨고, 다른 신입사원은 '도대체 내가 왜 혼이 난거지? 다른 사람들은 어떻게 일을 했더라…. 업무 지침을 다시 한 번 찾아봐야겠다.'라고 생각하고 자신이 실수한 일에 대하여 다시 실수하지 않도록 노트를 해 두었다.

활동

'성찰의 힘' 사례를 통해 어떤 사람이 몇 달 후, 몇 년 후에 더 높은 성과를 낼지 생각해 보자. 또한 자신의 일을 생각해 보고 다음을 작성하여 보자.

1. 최근에 있었던 일 중에 문제가 되거나 어려웠던 점은 무엇인가?

2. 나는 이 일을 어떻게 해결하려 했는가?

3. 현 상태를 개선하기 위해서 어떻게 준비하고 행동해야 할까?

4. 이 경험은 앞으로 내가 유사한 문제(어려움)에 직면할 때 어떤 영향을 주게 될까?

내용

◈ 성찰은 왜 해야 하는가?

• **다른 일을 하는 데 필요한 노하우 축적**

어떤 일을 마친 후에 자신이 잘한 일은 무엇이고, 개선할 점은 무엇인지 깊이 생각해 보는 것은 앞으로 다른 일을 해결해 나가는 노하우를 축적할 수 있게 해준다.

• **지속적인 성장 기회 제공**

성찰은 현재의 부족한 부분을 파악하여 보완할 수 있는 기회를 제공한다. 그리고 미래의 목표에 따라 실수를 미연에 방지하면서 노력하게 만들어 준다. 이런 점에서 지속적인 성찰은 지속적인 성장의 기회를 만들어 준다.

• **신뢰감 형성의 원천 제공**

성찰을 하게 되면 현재 저지른 실수에 대하여 원인을 파악하고 이를 수정하게 되므로, 다시는 같은 실수를 하지 않게 된다. 따라서 다른 사람에게 신뢰감을 줄 수 있다.

• **창의적인 사고 능력 개발 기회 제공**

창의적인 사람은 따로 존재하지 않으며 창의력은 지속적인 반성과 사고를 통해서 신장될 수 있다. 새로운 것을 만들기 위해서는 생각을 해야 하며, 진정으로 창의적인 사람은 생각하기를 그치지 않는다. 성찰을 지속하다 보면 어느 순간 무릎을 탁 칠 만한 창의적인 생각이 나오게 된다.

◈ 성찰은 지속적인 연습의 과정이다!

성찰은 지속적인 연습을 통하여 보다 잘 할 수 있게 된다. 또한 연습이 이루어져서 습관화되면 중요한 일이 발생했을 때에 기존에 성찰을 통해 축적한 노하우를 발현할 수 있다. 그러면 성찰을 연습하는 방법을 알아보도록 하자.

• **성찰노트를 작성한다.**

매일 자신이 오늘 했던 일 중에 잘했던 일과 잘못했던 일을 생각해 보고, 이에 대한 이유와 앞으로의 개선점을 아무 형식 없이 적어본다. 가끔은 광고지나 신문지에, 어떨 때는 수첩에 생각이 나는 대로 적어두자. 이것이 모이게 되면 당신의 역량을 향상시켜 줄 당신만의 자료가 될 것이다. 이를 위해 종이와 펜을 항상 가까이 둘 필요가 있다.

- **끊임없이 질문한다.**

어떠한 일이 발생하면 다음과 같은 질문을 하는 습관을 들인다.
- 지금 일이 잘 진행되거나 그렇지 않은 이유는 무엇인가?
- 이 상태를 변화시키거나 혹은 유지하기 위하여 해야 하는 일은 무엇인가?
- 이번 일 중 다르게 수행했다면 더 좋은 성과를 냈을 방법은 무엇인가?

학습정리

1. 자아인식능력이란 자신의 흥미, 적성, 인성 등 자아 특성을 객관적 파악하고 자기 정체감을 확인하는 수단이 된다. 직업인은 자아인식에 기초하여 자기개발을 도모하고 이를 통하여 개인과 팀의 성과를 높일 수 있다.

2. 직업인은 자기 자신에게 질문하는 방법 외에 다른 사람과의 대화를 통해서 그리고 보다 객관화된 표준화 검사 도구를 활용하여 자신을 객관적으로 파악할 필요가 있다.

3. 직업흥미는 자신의 직업에서 이루어지는 활동 등에 대해서 관심과 애착을 느끼는 것이며, 직업적 흥미를 가진 분야의 직업을 선택하여 일을 할 때 그 직업에 만족하고 적응을 잘 할 수 있다.

4. 적성이 있는 일을 하는 사람은 잠재적으로 그 일과 관련된 재능을 가지고 있어서 다른 사람보다 잘할 수 있다. 직업인은 자신에게 알맞은 직업을 찾고, 성공적인 직업생활을 영위하기 위해서 자신의 적성을 파악할 필요가 있다.

5. 직업인은 마인드컨트롤을 통해, 성취감을 느끼는 활동을 통해, 그리고 기업의 문화 및 풍토를 활용하여 흥미와 적성을 개발할 수 있다.

6. 직업인은 자신이 한 일에 대한 성찰을 통해 앞으로 다른 일을 하는 데 필요한 노하우를 축적할 수 있으며, 성장의 기회를 마련할 수도 있다. 또한 다른 사람에게 신뢰감을 형성할 수 있고 창의적인 사고도 가능해진다. 이러한 성찰은 지속적인 연습의 과정으로 성찰노트를 작성하거나 끊임없이 질문하여 개발해야 한다.

학습모듈 D-2-나
자기관리능력

자기관리능력은 자신의 행동 및 업무 수행을 통제하고 관리하며, 합리적이고 균형적으로 조정하는 능력이다. 자신을 지속적으로 관리하지 않으면 변화하는 환경 속에 적응하지 못하고 도태한다. 따라서 직업인은 자신의 비전에 따라 과제를 발견하고 계획을 세워 자기관리를 수행하며, 내면과 생산성 관리 및 의사결정을 적절히 할 수 있어야 한다.

학습목표

일반 목표

직업생활에서 직업인으로서 자신의 역할과 목표를 정립하고, 이를 위하여 자신의 행동과 업무 수행을 관리하고 통제할 수 있다.

세부 목표

1. 자기관리 단계별 계획을 수립할 수 있다.
2. 합리적인 의사결정을 할 수 있다.
3. 자신의 내면관리와 업무수행 성과향상 방법이 무엇인지를 알 수 있다.

주요용어

자기관리단계　　내면관리　　생산성 관리　　합리적인 의사결정

학습활동

단계별 자기관리 계획 수립방법

자기관리를 잘하는 인사팀의 M씨는 목표를 설정하고 이를 성취하기 위해 자신의 일정을 장단기로 계획하고 우선순위에 따라 수행하며, 일을 한 후에는 자신의 결정을 되돌아보는 시간을 갖는다. 나는 일터에서 자기관리를 잘하기 위해서 어떻게 하면 될까?

자기관리를 잘 하는 것은 보다 나은 미래를 영위할 수 있는 추진력이 된다. 자기관리를 잘 하는 사람은 자신의 비전과 목표를 잘 알고, 이에 따라 자신이 수행해야 될 과제를 알고 있으며 효과적으로 수행하는 사람이다.

사례

자기관리 잘 하는 사람의 자기관리 수립방법

인사팀의 Y씨는 항상 허둥지둥 바쁘고 정신이 없다. 누가 보더라도 Y씨는 인사팀에서 가장 열심히 일하는 것 같은데도 팀장한테 질책을 받기 일쑤다. 오늘 아침에도 어김없이 일을 제때에 못 마쳐서 질책을 받았다. 반면에 같은 팀의 M씨는 언제 일했는지 모르게 훌륭하게 일을 수행하여 칭찬을 받는다.

오늘 사내 온라인 게시판에 인사평점 결과가 공지되었다. 언제나처럼 Y씨는 낮은 점수를, M씨는 높은 점수를 받았다. 얼마 후면 인사조정이 있다고 하는데 Y씨는 위기감을 느꼈다. 그래서 Y씨는 도대체 M씨가 일을 잘하는 이유가 무엇인지 그에게 물어보기로 했다. M씨의 자리에 가 보았더니, 자신의 책상과 비교되게 너무 깨끗하게 정리되어 있었다. 가장 눈에 띄는 것은 책상 앞에 큰 글씨로 "성실한 사람이 되자, 노력한 만큼 얻는다."라고 쓰여 있는 문구였다. 이를 보니 M씨는 아침에 가장 먼저 출근하여 책을 보고, 대학원도 다니면서 자신을 개발하고 있다는 사실이 떠올랐다.

Y씨가 M씨에게 칭찬받는 업무수행 능력의 비결에 관해 묻자, M씨는 Y씨에게 자신의 수첩을 보여주었다. 수첩 속에는 이번 달 계획, 이번 주 계획, 오늘의 계획이 구체적으로 적혀 있었고, 각 계획들에는 빨간 글씨로 1, 2, 3, 4와 같은 숫자가 표시되어 있었다. 자신이 잘 한일, 직면한 문제, 이에 따른 자신의 결정, 결정에 대한 반성적 내용도 정리되어 있었다.

활동

'자기관리를 잘하는 사람의 자기관리 수립방법'에 대한 사례를 읽고 다음의 질문에 대답해 보자. M씨는 어떻게 행동했는가? 같은 사건 혹은 상황에서 나는 어떻게 행동하고 있는가?

	M씨	나
1	M씨의 책상에는 무엇이 적혀 있었는가? 이러한 글귀를 적어 놓은 이유는 무엇일까? 이는 M씨의 행동에 어떠한 영향을 미치고 있는가?	내가 지향하는 바는 무엇인가? 나의 인생의 목적은 무엇인가? 내가 수행해야 할 역할은 무엇이 있을까?
	자신의 목표를 명확하게 알고 매일 점검하기 위하여 "성실한 사람이 되자, 노력한 만큼 얻는다."라고 적어두었다.	
2	M씨는 어떤 식으로 일정을 수립하고 있는가? 이렇게 일정을 수립할 때에 장점은 무엇일까?	나는 일정을 어떻게 수립하고 있으며, 고쳐야 할 점은 무엇인가?
3	M씨가 적은 1, 2, 3, 4 숫자의 의미는 무엇일까?	나는 일의 우선순위를 어떻게 결정하고 있는가?
4	M씨는 일을 수행하고 나서 어떠한 사항을 반성하고 작성하였는가?	나는 어떤 일을 하고 난 후, 결과와 진행사항에 대해서 다시 한 번 생각해 보고, 개선해야 할 일이 무엇인지를 고민하는가?

내용

자기관리는 자신을 이해하고, 목표를 성취하기 위해 자신의 행동 및 업무수행을 관리하고 조정하는 것이며, 자기관리능력은 이러한 자기관리를 잘 할 수 있는 능력을 의미한다. 자기관리는 자신의 비전과 목표를 정립하고, 자신의 역할 및 능력을 분석하여 과제를 발견하며, 이에 따른 일정을 수립하여 시행하는 절차로 이루어진다. 이렇게 시행된 결과는 지속적인 자기관리를 위하여 반성하고 피드백함으로써 이루어진다.

1단계
비전 및 목적 정립

- 자신에게 가장 중요한 것 파악
- 가치관, 원칙, 삶의 목적 정립
- 삶의 의미 파악

2단계
과제 발견

- 현재 주어진 역할 및 능력
- 역할에 따른 활동목표
- 우선순위 설정

3단계
일정 수립

- 하루, 주간, 월간 계획 수립

4단계
수행

- 수행과 관련된 요소분석
- 수행방법 찾기

5단계
반성 및 피드백

- 수행결과 분석
- 피드백

1. 비전 및 목적 정립

자동차를 운전하는데 도착해야 할 정확한 목표지점이 없다면 어떻게 될까? 어떤 행동을 하거나 일을 수행하기 위해서는 비전과 목적을 정립하여 방향성을 가지는 것이 중요하다. 비전과 목적은 모든 행동 혹은 업무의 기초가 되며, 의사결정에 있어서 가장 중요한 지침으로 적용된다.

자신의 비전과 목적을 정립하기 위하여 다음과 같은 질문을 해볼 수 있다.
- 나에게 가장 중요한 것은 무엇인가?
- 나의 가치관은?
- 내가 생각하는 의미 있는 삶은?
- 내가 살아가는 원칙은?
- 내 삶의 목적은 어디에 있는가?

2. 과제 발견

비전과 목표가 정립되면 현재 자신의 역할 및 능력을 다음 질문을 통해 검토하고, 할일을 조정하여 자신이 수행해야 될 역할들을 도출한다.
- 자신이 현재 수행하고 있는 역할과 능력은 무엇인가?
- 역할들 간에 상충되는 것은 없는가?
- 현재 변화되어야 할 것은 없는가?

그리고 이 역할들에 상응하는 활동목표를 설정한다. 성공하는 사람들은 실제적이고 성취 가능한 목표를 설정한다. 활동목표는 너무 크거나 높은 경우 세부목표로 나누고, 실행 가능한 목표로 조정한다.

수행해야 될 역할들이 도출되고 이에 적합한 활동목표가 수립되면, 각 역할 및 활동목표별로 해야 될 일을 우선순위에 따라 구분한다. 우선순위를 구분하는 여러 방법들이 소개되고 있지만 일반적으로 사용하는 방법은 가장 중요하고, 가장 긴급한 일일수록 우선순위가 높다고 판단하는 것이다.

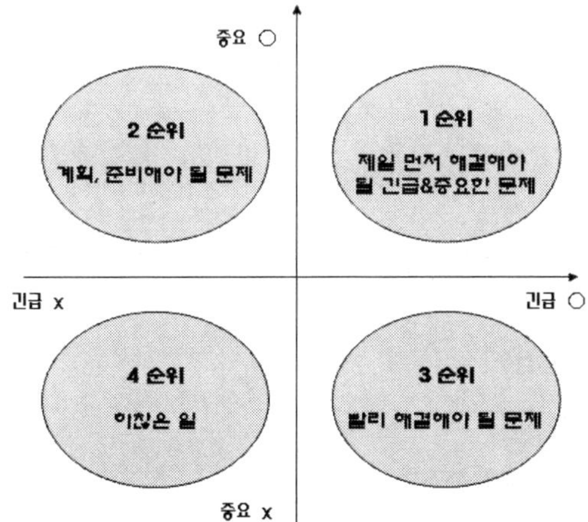

3. 일정 수립

일의 우선순위에 따라 구체적인 일정을 수립한다. 일정은 월간계획 → 주간계획 → 하루계획 순으로 작성한다. 월간계획은 보다 장기적인 관점에서 계획하고 준비해야 될 일을 작성하며, 주간계획은 우선순위가 높은 일을 먼저 하도록 계획을 세우고, 하루의 계획은 좀 더 자세하게 시간단위로 작성한다.

한 가지 주의할 점은, 빨리 해결해야 될 긴급한 문제라고 하여 우선순위를 높게 잡고 이를 중심으로 계획을 세우면 오히려 중요한 일을 놓치는 잘못을 저지르게 된다는 것이다. '소중한 것을 먼저 하라.' 스티븐 코비의 제언을 항상 염두에 두어야 한다. 따라서 앞서 분석한 우선순위에 따라 중요한 일을 모두 수행할 수 있도록 계획을 세우는 지혜가 필요하다.

4. 수행

구체적인 일정을 수립하면 이에 따라 수행을 한다. 수행에는 다음과 같은 요소들이 영향을 미친다. 따라서 지금 내가 하려는 일은 무엇인지, 이 일에 영향을 미치는 요소들은 무엇인지, 이를 관리하기 위한 어떤 방법이 있는지를 찾아 계획한 대로 바람직하게 수행되도록 한다.

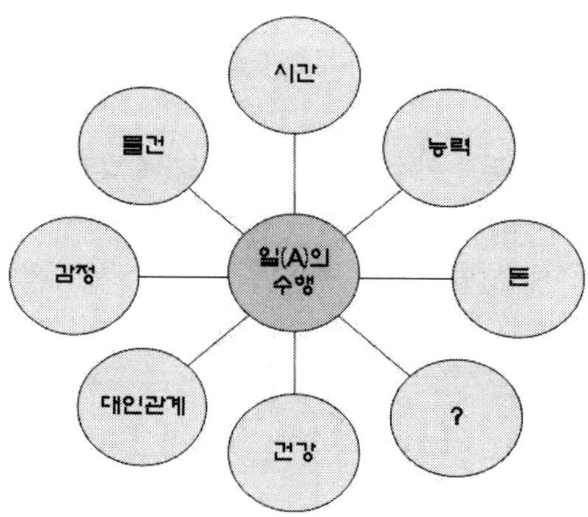

5. 반성 및 피드백

일을 수행하고 나면 다음의 질문을 통해 분석하고, 결과를 피드백하여 다음 수행에 반영한다.

- 어떤 목표를 성취하였는가?
- 일을 수행하는 동안 어떤 문제에 직면했는가?
- 어떻게 결정을 내리고 행동했는가?
- 우선순위, 일정에 따라 계획적으로 수행하였는가?

합리적인 의사 결정 방법

제조회사 생산관리팀의 K씨는 경솔한 의사결정으로 회사의 중요한 직책을 맡고는 고민에 빠져있다. 직업생활에서는 의사결정을 내려야 할 많은 선택의 순간이 있다. 합리적인 의사결정을 통하여 최적의 대안을 선택하는 법을 알아보자.

현명한 판단은 조직의 리더나 정책 결정 시에만 내려야 되는 것은 아니다. 사람은 누구나 직업생활이나 개인 생활에서 수많은 '선택'의 순간을 맞이하고, 의사결정을 내려야 될 때가 있다.

사례

Yes or No?

소규모 제조 회사의 생산관리팀 K씨는 오늘 사장으로부터 한 가지 놀라운 제의를 받았다. 소규모 제조회사연합회 이사직을 맡지 않겠냐는 것이었다. K씨는 자신에게 그렇게 중요한 자리를 왜 맡기는지와 실제로 무슨 일을 해야 하는 자리인지 물었고, 사장은 이렇게 대답했다.

"뭐, K씨 정도면 충분히 할 수 있는 일이에요. 실제로 아무 일도 할 필요 없이 사무실을 지켜 주기만 하면 돼요." K씨는 좀 의문이 들기는 했지만, 자신의 회사사장이 부탁하는 일이라 거절하기가 어려워 그 자리에 대하여 정확히 알아보지 않고 선뜻 yes라는 결정을 내렸다.

며칠이 지나고 제조회사연합회 회장이 K씨를 부르더니 협회 간부회의가 있다는 얘기를 하였다. K씨는 다른 일도 있어서 시간을 내기 어려웠고, 간부회의가 있다고 하니 뭔가 새로운 일을 해야 될 것 같았지만, 이사직을 맡았기 때문에 어쩔 수 없이 나가게 되었다.

그런데 간부회의에 참석한 K씨는 자신이 제조회사연합회에 소속된 회사 간부 모임을 주최하고, 제조회사연합회의 홍보활동을 담당하고, 신입회원사를 모집하는 등 많은 책임을 가지고 있다는 것을 알게 되었다.

결국 K씨는 후회하며, 그제야 자신이 맡은 역할과 그에 따라 앞으로 일어날 손실을 따져보기 시작했다.

활동

1. 사례에서 K씨가 내린 결정에 대하여 다음을 생각해 보자. K씨가 잘못된 결정을 내린 이유는 무엇일까? K씨가 거절하지 못한 이유는 무엇인가?

2. 현재 의사결정을 해야 할 일들을 두 가지 떠올려 보고 다음의 내용을 작성해 보자.

구분						
결정해야 할 일	1			2		
내가 생각하는 결정 기준						
가능한 대안	A			A		
	B			B		
	C			C		
		장점	단점		장점	단점
대안별 장단점	A			A		
	B			B		
	C			C		
최적안 결정						
타인의 의견						

내용

직업생활에서는 두 가지 이상의 업무가 중복되어 우선순위를 정하거나, 이직을 결심하거나, 다른 사람이 무리한 요구를 할 때에 거절을 해야 하는 경우가 있다. 또한 일과 생활의 균형(Work-Life Balance) 문제가 화두로 되고 있는 요즈음에는 이 둘 간의 균형을 유지하기 위한 의사결정을 해야 될 경우가 증가하고 있다.

어떠한 의사결정을 내렸느냐에 따라서 작게는 개인의 일시적인 시간낭비나 재정지출이 있을 수도 있지만 크게는 인생 경로가 바뀌게 되며, 조직 전체의 운명이 좌우되기도 한다. 따라서 합리적인 의사결정 과정을 통해 문제의 본질을 파악하고 최적의 대안을 선정할 필요가 있다.

◈ 합리적인 의사결정 과정

합리적인 의사결정이란 자신의 목표를 정하여 몇 가지 대안을 찾아보고 가장 실행 가능한 최상의 방법을 선택하여 행동하는 것이다. 합리적인 의사결정 과정은 다음과 같다. 먼저, 의사결정에 앞서서 발생된 문제가 어떤 원인에 의한 것인지, 문제의 특성이나 유형은 무엇인지를 파악한다. 둘째, 의사결정의 기준과 가중치를 정한다. 이 단계에서는 개인의 관심, 가치, 목표 및 선호에 따라 의사결정을 할 때에 무엇을 중요하게 생각하고, 또 무엇을 우선시하는지 결정된다. 즉, 사람에 따라 어떤 사람은 매우 적절하다고 생각하는 기준이나 가치가 다른 사람에게는 그렇지 않을 수 있다. 사람에 따라서는 일하는 방식이나 생활 방식이 맞지 않는 경우도 있다. 셋째, 의사결정에 필요한 정보를 수집한다. 의사결정을 하기 위해서는 판단의 자료가 필요하다. 그러나 이러한 자료를 너무 많이 수집할 경우에는 시간이나 비용의 소모가 크며, 너무 적게 수집하면 다각도로 검토할 수가 없으므로 적절히 수집할 필요가 있다. 넷째, 의사결정을 하기 위한 가능한 모든 대안을 찾는다. 다섯째, 가능한 대안들을 앞서 수집한 자료에 기초하여 의사결정 기준에 따라 장단점을 분석하고 평가한다. 여섯째, 가장 최적의 안을 선택하거나 결정한다. 일곱째, 의사결정을 내리면 결과를 분석하고 다음에 더 좋은 의사결정을 내리기 위하여 피드백한다.

합리적인 의사결정을 하려면 의사결정자는 자기 탐색의 과정을 거쳐서 의사결정 기준을 세울 필요가 있으며, 가능한 모든 평가기준과 대안들을 찾을 수 있어야 하고, 다른 문제 상황을 발생시키지 않는 별다른 어려움 없이 정보를 얻을 수 있어야 하며, 각 대안들을 객관적이고 정확하게 평가할 수 있어야 한다.

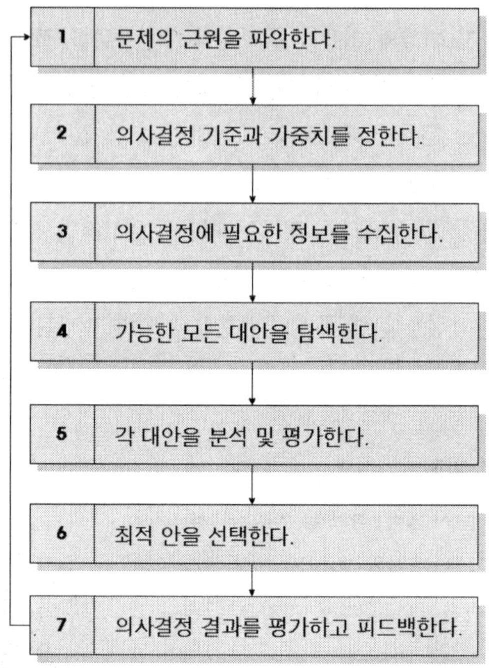

◈ 거절의 의사결정과 거절하기

'No'를 분명하게 결정하고 이를 표현하는 것은 쉬운 일이 아니다. 사람들은 다른 사람들이 자신을 능력이 없다고 보거나 예의가 없다고 보지는 않을까, 다른 사람과의 관계가 깨지지 않을까 하는 등의 고민으로 거절하기를 주저한다. 따라서 거절의 의사결정에는 이 일을 거절함으로써 발생될 문제들과 자신이 거절하지 못해서 그 일을 수락했을 때의 기회비용을 따져보고, 거절하기로 결정하였다면 이를 추진할 수 있는 의지가 필요하다. 거절의 의사결정을 하고 이를 표현하기 위해서는 다음을 유의하여야 한다.

- 상대방의 말을 들을 때에는 주의하여 귀를 기울여서 문제의 본질을 파악한다.
- 거절의 의사결정은 빠를수록 좋다. 오래 지체될수록 상대방은 긍정의 대답을 기대하게 되고, 의사결정자는 거절을 하기 더욱 어려워진다.
- 거절을 할 때에는 분명한 이유를 만들어야 한다.
- 대안을 제시한다.

내면 관리와 업무수행 성과 향상 방법

인내심을 가지고 있는 사람은 상대적으로 성공할 가능성이 더 높다고 한다. 또한 일터에서 받은 스트레스를 해소하기 위해서도 자신의 마음을 관리하고 긍정적인 생각을 가질 필요가 있다. 이를 위하여 자신의 내면을 다스리는 법을 생각해 보고 업무수행과 연결 지어 성과를 높일 수 있는 행동전략을 알아보자.

어떠한 문제가 발생할 때에, 외부적인 환경이나 운명에 의해서 결정된다고 생각하는 사람이 있는 반면에 자신의 행동을 통해서 스스로 통제할 수 있다고 믿는 사람이 있다. 이론적으로 자기 스스로 운명을 통제할 수 있다고 믿는 사람은 그렇지 않은 사람보다 성공할 확률이 높은 것으로 나타나고 있다. 직장인들은 새로운 아이디어를 도출하고 방법을 생각해내기보다 기계적으로 업무를 처리하는 경우들이 많다. 그러나 직접적인 일과 관련된 능력뿐만 아니라 직접적으로 직무와 관련된 역량을 향상하여 업무 수행성과를 높이는 것이 무엇보다 중요하다.

사례

성공을 위한 감정관리

1960년대에 스탠포드 대학에서는 유치원에 다니고 있는 4세 아이들을 대상으로 마시멜로를 이용해 의미 있는 실험을 한 적이 있다. 우선 아이들을 한 곳에 모아서 앞에 마시멜로를 하나씩 놓아 주고 이렇게 말하는 것이다.

“잠깐 나갔다 올 테니까 돌아올 때까지 먹지 말고 기다리면 상으로 마시멜로를 하나 더 줄게. 하지만 그때까지 못 기다리고 마시멜로를 먹어 버리는 사람은 하나밖에 못 먹는 거야.”

당연히 연구원이 돌아올 때까지 기다리는 아이도 있었고, 눈앞에 있는 마시멜로의 유혹에 넘어가 버린 아이들도 있었다. 이 실험은 아이들의 인내심을 측정하고 그들의 성취능력을 비교하기 위한 것이다. 10년 뒤에 그 아이들이 자라서 청년이 되었을 때 마시멜로를 먹은 그룹과 먹지 않은 그룹을 비교해 보았다.

그 결과 마시멜로를 먹지 않고 참았던 그룹의 아이들은 대인관계 능력이나 스트레스를 극복하는 능력이 뛰어났고 학업성적도 아주 우수했지만, 순간의 욕구를 참지 못한 아이들은 작은 일에도 쉽게 좌절했으며 학업성적도 부진했다고 한다. 인내심의 차이는 성적의 차이가 되고 인생의 성취능력을 좌우한다는 것이 실증적으로 밝혀졌다.

출처: 생산적인 삶을 위한 자기발전노트 50.

직장 스트레스 원인, 男 높은 직무 요구, 女 비합리적 조직

직업생활에서 극심한 스트레스를 주는 원인으로 남성은 높은 직무도 요구, 여성은 비합리적 조직체계를 지목했다는 조사 결과가 나왔다. 성균관대 의대 강북삼성병원 정신건강의학과 전상원 교수 연구팀은 2012~2017년 이 병원에서 건강검진을 받은 18세 이상 9만5천356명의 자살 충동과 직무 스트레스 등을 측정해 이런 사실을 확인했다고 23일 밝혔다.

조사에서 최근 1년 내 자살을 생각한 적이 있다고 응답한 근로자는 총 3천460명이었다. 연구팀은 이들을 ▲18~35세, ▲36~44세, ▲45세 이상 세 그룹으로 분류한 뒤 성별에 따라 분석했다. 그 결과 18~35세 남성은 자살 충동과 연관이 있는 직무 스트레스 원인으로 높은 직무 요구도, 직장 내에서의 보상 부적절을 꼽았다. 36~44세의 남성은 높은 직무 요구도와 보상 부적절에 이어 직무 불안정을 지목했다. 45세 이상 남성은 직무 불안정을 가장 큰 요인이라고 답했고 이어 비합리적인 조직체계를 직무 스트레스 요인으로 짚었다.

젊은 남성 직장인은 직무 수행과 보상의 부조화를 직장 내 큰 고충으로 보는 반면 중년 남성은 지속적 근로 가능 여부에 대해 어려움을 겪고 있음을 보여주는 대목이다. 반면 여성은 18~35세 그룹에서 비합리적인 조직체계와 직장문화가 자살 충동을 유발하는 직무 스트레스라고 꼽았다.

다만 36~44세, 45세 이상 여성에서는 자살 충동과 관련한 직무 스트레스는 없는 것으로 조사됐다. 연구팀은 이 부분에 대해 36세 이상 여성 직장인은 가정생활과 양육 등 외부적 환경 요인이 자살 충동에 더 큰 영향을 주는 것으로 추정했다.

전 교수는 "이 연구 결과로 근로자의 자살 생각을 줄이기 위해서는 기업이 성별, 연령에 따라 체계적인 정책을 시행해야 한다는 필요성이 확인됐다"며 "전체 근로자의 직무 스트레스 관리보다는 연령, 성별, 직급에 따른 관리가 필수적"이라고 밝혔다.

출처: 연합뉴스. 2020.7.23. https://www.yna.co.kr/view/AKR20200723081300017

탁월한 업무능력과 소통능력 갖춰야

어떤 이가 임원직에 오르는 걸까. A그룹 인사 담당자에게 물었다. “임원에 오르려면 어떤 커리어를 쌓아야 하나?”. “특정 커리어를 쌓아야 한다거나 어느 분야가 유리하다는 것은 없다. 자신이 어떤 영역에 속해 있든 해당 분야에서 최고 수준의 성과를 지속적으로 내야 하는 것은 기본이다. 더불어 조직 관리 능력, 커뮤니케이션 능력, 리더십 등 리더로서의 역량과 입사 이후 수행해온 업무 경험 등 다방면에서 뛰어난 평가를 받아야 임원에 오를 수 있다.”

잭 웰치 전 GE 최고경영자(CEO)는 ‘머리’, ‘가슴’, ‘용기’를 키워드 삼아 ‘사람’을 다뤘다. ‘머리’란 지적 능력, 기술이다. ‘용기’는 자신감. ‘가슴’은 이해심, 사려 깊음, 남들과 함께 일하고자 하는 자세, 자아를 제어하는 능력을 포함한다. 웰치는 ‘머리’를 가진 사람은 쉽게 발견할 수 있고, 용기를 갖지 못한 이들은 시행착오를 거치면서 ‘용기’를 습득할 수 있다고 확신했으며, ‘가슴’을 가진 사람은 매우 드물지만 교육을 통해 양성할 수 있다고 여겼다.

출처: 주간동아 822호(2012.1.30.) https://weekly.donga.com/List/3/all/11/93435/1

활동

'성공을 위한 감정관리'와 '직장 스트레스 원인, 男 높은 직무 요구, 女 비합리적 조직' 사례를 읽고 감정을 관리하고 스트레스를 해소할 수 있는 방법을 생각해 보자. 스트레스를 해소할 수 있는 좋은 방법은 긍정적인 마음과 인내심을 가지는 것이다. 우리 내면에서 하는 부정적인 말들을 긍정적인 말로 바꾸어 보자.

부정적인 말

1	
2	
3	
4	
5	
5	

긍정적인 말

1	
2	
3	
4	
5	
5	

'업무수행 성과가 중요해지고 있다' 사례와 같이 이제 직업인이 각각 어떤 수행성과를 내고 있느냐는 그 회사 전체의 생산성에 막대한 영향을 끼치게 된다. 자신의 현재 업무에서 성과를 높이기 위한 워크시트를 작성해 보자.

내가 활용할 수 있는 자원을 나열해보자.	
업무지침은 어떻게 활용할 것인가?	
업무성과를 위한 나의 장점과 능력 요인들은?	
상사/동료의 업무지원 정도는?	
업무수행 성과를 높이기 위한 전략은?	

내용

어떠한 심리적 태도를 가지느냐는 그 사람의 성패를 좌우한다. 인내심을 키우고 긍정적인 마인드를 가진다면 그 성공은 조금 더 가까운 곳에 있을 것이다.

◈ 인내심 키우기

현재는 당장 손해 보는 것 같더라도, 참고 인내하면 더 큰 결실을 보게 된다. 인내심을 가지지 못하고 화를 내거나 일을 자꾸 변경하는 사람은 객관적이기 보다 감정적인 사람으로 보이고, 신뢰감을 주지 못한다. 인내심을 기르기 위해서는 첫째, 자신의 목표를 분명히 해야 한다. 자신의 목표가 분명하게 정립되면 이를 성취하기 위하여 현재의 어려움을 인내할 수 있게 된다. 둘째, 새로운 시각으로 상황을 분석한다. 어떤 사물이나 현상을 보는 시각은 매우 다양하며, 같은 것이라도 다른 시각으로 보게 되면 극복할 수 있다.

◈ 긍정적인 마음 가지기

1962년 NASA에서는 인생에서 심각한 위기를 겪은 적이 없거나, 실패를 극복한 경험이 없는 지원자는 탈락시켰다. 최근 긍정적인 마음을 가지고 실패를 극복하는 중요성이 새롭게 부각되고 있다. 실패는 곧 파멸을 의미하던 이전의 시각이 바뀌어 '실패의 원인을 분석하고 실패로부터 긍정적인 사고를 통해 성공을 이끌어내자'는 움직임이 일고 있다.

긍정적인 마음을 가지기 위해서는 먼저 자신을 긍정해야 한다. 자신의 능력과 가치를 신뢰하고 있는 그대로의 자신을 받아들여 건강한 자아상을 확립한다. 그리고 과거에 받았던 상처나 고민을 털어버리고 타인을 원망하는 마음을 가지지 않도록 노력한다. 또한 고난이나 역경을 통하여 자신이 성장할 수 있다는 가능성을 믿고, 어려움 속에서 자신을 개발하는 법을 터득해야 한다. 해야 될 일이 너무 많다면 그만큼 자신의 능력이 뛰어나며 인정을 받고 있다는 것이며, 상사가 나를 질책하는 것은 그만큼 나에게 애정을 가지고 있다는 뜻으로 받아들여 보자.

또한 일을 하는 사람들에게 자신의 직장에서 업무 수행성과를 높이는 것은 가장 중요한 자기개발이라고 할 수 있다. 직업인의 업무수행 성과에는 다음 그림과 같이 시간이나 물질과 같은 자원, 업무지침, 개인의 능력(지식이나 기술 포함), 상사 및 동료의 지원과 같은 요인이 영향을 미친다. 그 외에도 업무 수행성과를 높일 수 있는 행동전략은 다음과 같다.

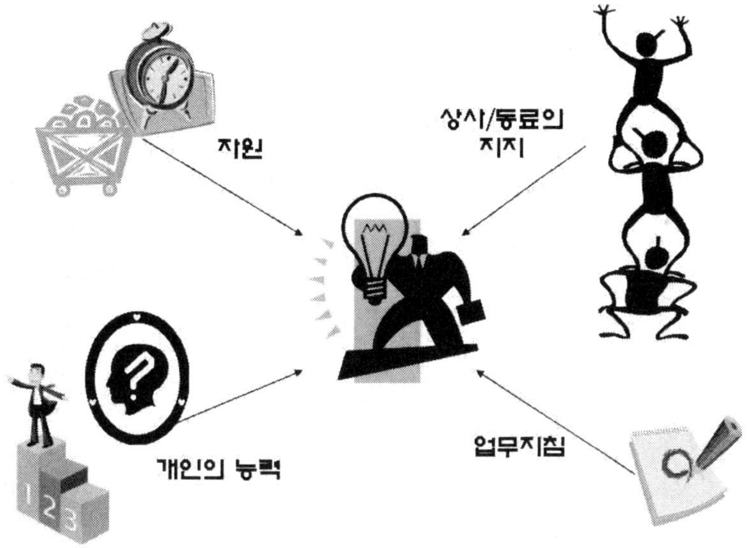

◈ 업무수행 성과를 높이기 위한 행동전략

✔ 일을 미루지 않는다.

성공한 사람들의 가장 중요한 자기 경영 습관 중 하나는 일을 미루지 않고 가장 중요한 일을 먼저 처리하는 것이라고 한다. 일을 하나 둘 미루고 급하게 처리하다 보면, 어느새 다른 일도 지속적으로 밀리게 되고, 일처리에 최선을 다하지 못한다. 따라서 해야 될 일이 있다면 지금 바로 하는 습관을 들여야 한다.

✔ 업무를 묶어서 처리한다.

전문가들의 의견에 따르면 10개의 비슷한 업무를 한꺼번에 처리하면 첫 번째 일을 하는데 드는 시간의 20%정도밖에 걸리지 않을 정도로 효율적으로 일을 할 수 있다고 한다. 직업인들이 하는 일은 비슷한 속성을 가진 경우가 많다. 또한 한 번 움직일 때 여러 가지 일을 함께 처리해서, 같은 곳을 반복해서 가지 않도록 경로를 단축시킨다.

✔ 다른 사람과 다른 방식으로 일한다.

다른 사람이 일하는 방식과 다른 방식으로 생각하다 보면, 의외로 다른 사람들이 발견하지 못한 더 좋은 해결책을 발견하는 경우가 있다. 일을 하는 순서를 반대로 해보거나, 다른 사람이 생각하는 순서와 거꾸로 생각해 보고, 다른 사람이 하는 일에 '아니오' 라고 대답하고 일의 처리 방법을 생각해 보면 의외로 창의적인 방법을 발견할 수도 있으며 업무의 성과도 높일 수 있다.

✔ **회사와 팀의 업무 지침을 따른다.**

아무리 일을 열심히 해도 자신이 속한 회사나 팀의 업무 지침을 지키지 않으면 업무수행 능력을 인정받을 수 없다. 또한 회사나 팀의 업무 지침은 변화하는 환경 속에서 그 일의 전문가들에 의해 확립된 것이므로 기본적으로 지켜야 할 것은 지키되 그 속에서 자신만의 일하는 방식을 발견해 보자.

✔ **역할 모델을 설정한다.**

직장에서 가장 일을 잘한다고 평가받는 사람을 찾아보자. 그리고 그 사람은 어떻게 일을 하는지, 어떠한 방식으로 보고하는지, 어떻게 말하는지 등을 주의 깊게 살펴보고 그 사람을 따라 하도록 노력해 보자. 자신도 모르는 사이에 그 사람과 같이 업무수행 성과를 내고 있는 자신을 발견할 수 있을 것이다.

학습정리

1. 직업인은 자신을 이해하고, 목표를 성취하기 위해 자신의 행동 및 업무수행을 관리하고 조정하여 자신을 관리해야 하며, 이를 위한 자기관리능력을 향상시켜야 한다.

2. 직업인은 자신의 비전과 목적을 정립하고, 자신의 역할 및 능력을 분석하여 과제를 발견하며 이에 따른 일정을 수립하고 시행하며 시행한 결과에 대하여 반성 및 피드백하는 일련의 과정을 통해 자신을 관리할 수 있다.

3. 직업인은 자기관리가 요구되는 과제를 발견할 때에는 적합한 활동목표를 수립하고 이에 따른 우선순위를 구분하여야 한다. 우선순위는 중요성과 긴급성에 따라 구분할 수 있으며, 중요한 과제를 우선적으로 정하여 추진하여야 한다.

4. 직업인은 자신의 내면을 다스리고 인내심과 긍정적인 마음을 가질 수 있을 때 성공할 수 있다. 인내심을 키우기 위해서는 자신의 목표를 분명히 하고 다른 관점에서 상황을 분석하도록 노력하며, 긍정적인 마음을 갖기 위해서는 자기 자신을 긍정하고 어려움 속에서도 성장할 수 있다는 가능성을 믿어야 한다.

5. 일을 하는 사람들에게 자신의 업무수행 성과를 높이는 것이 가장 중요한 자기개발이다. 업무수행 성과를 높이기 위해서는 일을 미루지 않으며, 업무를 한 번에 처리하거나 다른 사람과 다른 방식으로 일하고, 회사나 팀의 업무 지침을 준수하며, 역할 모델을 설정하는 등의 노력을 해야 한다.

6. 일터에서는 의사결정을 내려야 할 많은 선택의 순간들이 있으며, 합리적인 의사결정과정을 통해서 최상의 대안을 선택해야 한다. 합리적인 의사결정과정은 문제의 근원을 파악하고, 의사결정 기준과 가중치를 정하며, 의사결정에 필요한 정보를 수집하고, 가능한 모든 대안을 탐색하여 각 대안을 분석하여 평가하고, 최적의 안을 선택하여 의사결정 결정을 평가하고 피드백하는 단계를 통해 이루어진다.

학습모듈 D-2-다

경력개발능력

경력개발능력은 자신의 진로에 대하여 단계적 목표를 설정하고 목표성취에 필요한 역량을 개발해 나가는 능력이다. 현대사회는 경력개발과 관련하여 많은 변화가 있어 왔다. 직업인은 이러한 환경에 대한 이해와 자신에 대한 이해를 바탕으로 자신의 경력단계를 확인하고 이에 따른 경력개발 계획을 수립할 수 있어야 한다.

학습목표

일반목표

일터에서 직업인으로서 자신의 경력단계를 이해하고 이에 적절한 경력개발 계획을 수립할 수 있다.

세부목표

1. 경력개발의 의미를 설명할 수 있다.
2. 경력개발 계획을 수립할 수 있다.
3. 경력개발의 최근 이슈를 설명할 수 있다.

주요용어

경력　경력단계　경력계획　경력관리

학습활동

경력개발의 의미

요즘 직업인들은 급격한 환경변화에 따라 자신의 직장과 직위를 유지하는 데 불안감을 느끼고 있다고 한다. 이렇게 변화하는 환경에서는 자신의 경력목표와 전략을 수립하고 지속적으로 관리할 필요가 있다. 경력개발의 의미와 필요성에 대해 알아보자.

사람들은 각기 다른 일터에서 다른 일을 하며 다른 경험을 축적해 나간다. 환경이나 조직이 변화하고 개인의 요구가 바뀜에 따라 이러한 경험 또한 변화가 필요하며, 이는 개인의 노력을 통해 개발될 수 있다.

사례

경력 및 이력 관리의 지혜

경력(Career)은 일생동안 이루어지는 일(work)과 학습(learning) 및 사회활동의 총체적 누적을 의미한다. 어떤 유형의 학교를 다녔으며 무엇을 공부하였고, 어떤 직장에서 어떠한 일을 하면서 생계를 영위하고, 어떤 사회 활동을 통하여 무슨 일을 하였는가에 관한 기록을 우리는 흔히 이력서라고 말한다. 선진국들은 오래전부터 이러한 경력 및 이력을 의도적으로 선택하고 관리하는 방법을 일찍부터 학교에서 가르친다. 각자의 소질과 적성을 계발하고 최선아(最善我: Best self-realization)를 실현하기 위하여 최선의 직업과 사회 활동을 선택할 수 있도록 학교에서 교육을 통하여 도와주는 것이다. 선진국들은 이러한 교육을 통하여 이력과 경력을 잘 선택하고 합리적으로 관리할 수 있는 능력과 태도를 육성해 준다. 이렇게 어려서부터 이력과 경력을 잘 선택하고 관리해 온 사람은 빠른 속도로 승진하고 성장하며, 승진의 과정에서 경력과 이력의 하자로 인한 불이익을 피해 나갈 수 있다.

최근에는 우리나라에서도 이력과 경력을 중시하는 풍토가 확대되고 있다. 이력과 경력의 관리가 잘 되어야 승진과 성장에서 유리하게 되기 때문이다. 특히, 최근 인사 청문회 제도가 본격적으로 도입되면서부터 고위직에 오르고자 하는 사람들의 이력과 경력이 도마 위에 오르게 되었다. 청문회는 도덕성과 전문성이 결여된 이력으로서는 고위직에 오르는 것이 불가능함을 잘 보여 주고 있다.

(사례 계속)

우리나라에서도 각종 기록 관리가 철저하게 이루어지게 되고 전산화하게 되었으며, 투명 사회로 발전되어 나감으로써 비도덕적이고 잘못된 경력 관리는 더 이상 숨길 수 없게 될 것이다. 젊은 시절부터 경력 관리에 신경 쓰지 않으면, 승진도 발전도 어렵게 될 것이고, 뒷날 고위직에 진출하는 것은 더욱 불가능하게 될 것이다.

경력과 이력의 관리를 보다 현명하게 해 나가는 지혜를 어려서부터 터득해야 되는 시대가 다가온 것이다. 최선의 경력을 선택하고 관리해 나가고 있는지 한 번쯤 자신을 반성해 볼 필요가 있다.

자료: 장 석민(2011), 행복과 성공을 만드는 삶의 지혜, 발해 그후

"평생직장 없다" 직장인은 인생 이모작 준비 중

30대 직장인 조영민 씨(34·가명)는 최근 지식 유튜브를 시작했다. 인생 이모작을 위해서다. 조 씨는 "지금 다니는 직장을 계속 다닐지도 모르고, 정년퇴직을 한다 해도 몇십 년을 더 살아야하는 상황에서 '나만의 길'을 찾아보려고 시작했다"며 "주변에서도 재테크나 사업준비를 하는, '인생 이모작러'들이 많다"고 전했다.

100세 시대를 맞아 인생 이모작을 준비하는 직장인들이 늘고 있는 것으로 나타났다. 실제 직장인 10명 중 8명 이상은 제2의 인생설계를 준비하고 있었으며, 제2의 인생에서 이들이 가장 중요하게 생각하는 것은 '경제적인 자유'인 것으로 나타났다. 18일 잡코리아가 30.40대 직장인 2,070명을 대상으로 '인생 이모작'에 대해 조사를 진행한 결과, 설문에 참여한 직장인 81.3%가 '제2의 인생설계를 준비하고 있다'고 응답했다. 특히 성별로는 남성 직장인들이 85.4%로 여성 직장인 78.7%에 비해 6.7%포인트 높았다. 인생 이모작을 위해 직장인들이 현재 준비하고 있는 것으로는(복수응답) △재테크 등 경제력 향상이 응답률 37.9%로 가장 많았으며, 다음으로 △이직 및 재취업(32.7%) △취미 및 특기 개발(25.6%) △외국어, 직무능력 향상 등 자기계발(22.8%) △개인사업 및 창업준비(22.2%) 등의 순이었다. 인생 이모작을 준비하는 데 있어 어려운 점은(복수응답) △자금부족이 응답률 76.0%로 압도적으로 많았다. 이어 △시간부족(25.1%) △가족부양(20.2%) △의지부족(16.8%) △거시적 안목부족(12.1%) 등의 순이었다.

출처: 파이낸셜뉴스. https://www.fnnews.com/news/202007181250175901

코로나19로 '실직 공포'…직장인 절반 이상 "고용 불안 느낀다"

우리나라 직장인 2명 중 1명은 신종 코로나바이러스(코로나19) 장기화로 인한 고용 불안에 시달리고 있는 것으로 나타났다.

직장인 커뮤니티 '블라인드'는 지난 23일부터 직장인 1만983명을 대상으로 진행한 설문조사에서 응답자의 55%가 "현재의 경제 위기로 인한 고용불안을 느낀 적이 있다"고 답했다고 27일 밝혔다.

특히 응답자의 31%는 "경제 위기로 인한 권고사직·희망퇴직을 목격하거나 직접 경험한 적이 있다"고 답했다.

업종별로는 여행(93%)과 항공(90%)이었다. 다음으로 영화(80%), 외식(70%), 건축자재(67%), 조선(66%), 자동차(64%), 건설·중공업(62%), 교육·출판(60%) 방산(58%) 순으로 고용불안을 느낀 적이 있다는 응답이 많았다.

실제로 권고사직·희망퇴직을 목격하거나 직접 경험했다는 응답이 많았던 곳은 여행(56%), 영화(54%), 항공(51%), 조선(46%), 건설(44%), 스타트업(39%), 가구·인테리어(39%), 광고(39%), 방송(38%), 건축자재(38%) 업계였다.

코로나 사태 장기화로 인해 무급 휴가가 확대됨에 따라 근무시간이 줄고 급여도 삭감된 것으로 나타났다. 응답자의 28%는 "경제위기로 근무시간이 줄었으며, 23%가 급여가 삭감됐다"고 답했다.

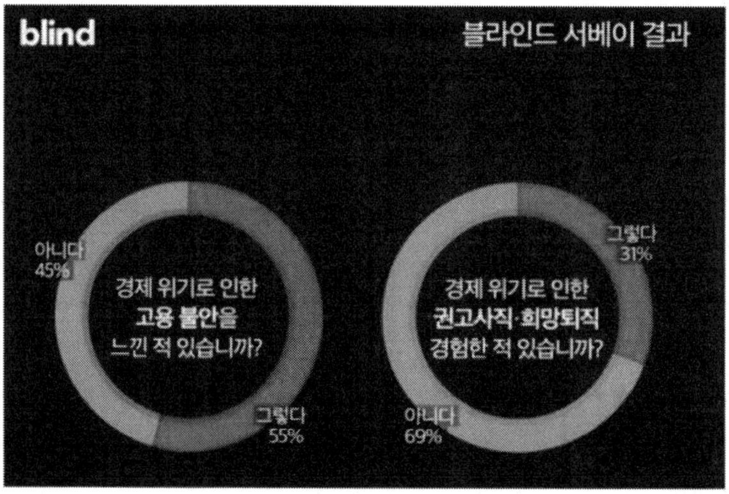

출처: 국민일보. http://m.kmib.co.kr/view.asp?arcid=0014414446

활동

우리는 일생에 걸쳐서 일과 관련된 경험을 하게 되며, 인생의 경로와 일의 경로는 밀접한 연관성을 가진다. 따라서 10년 단위의 인생계획과, 여기에 영향을 미치는 가치관 변화, 가정 변화, 환경 변화 등 내외부적 변화요인을 예측하여 보고, 자신의 일(직업)에 대한 계획을 수립해 보자.

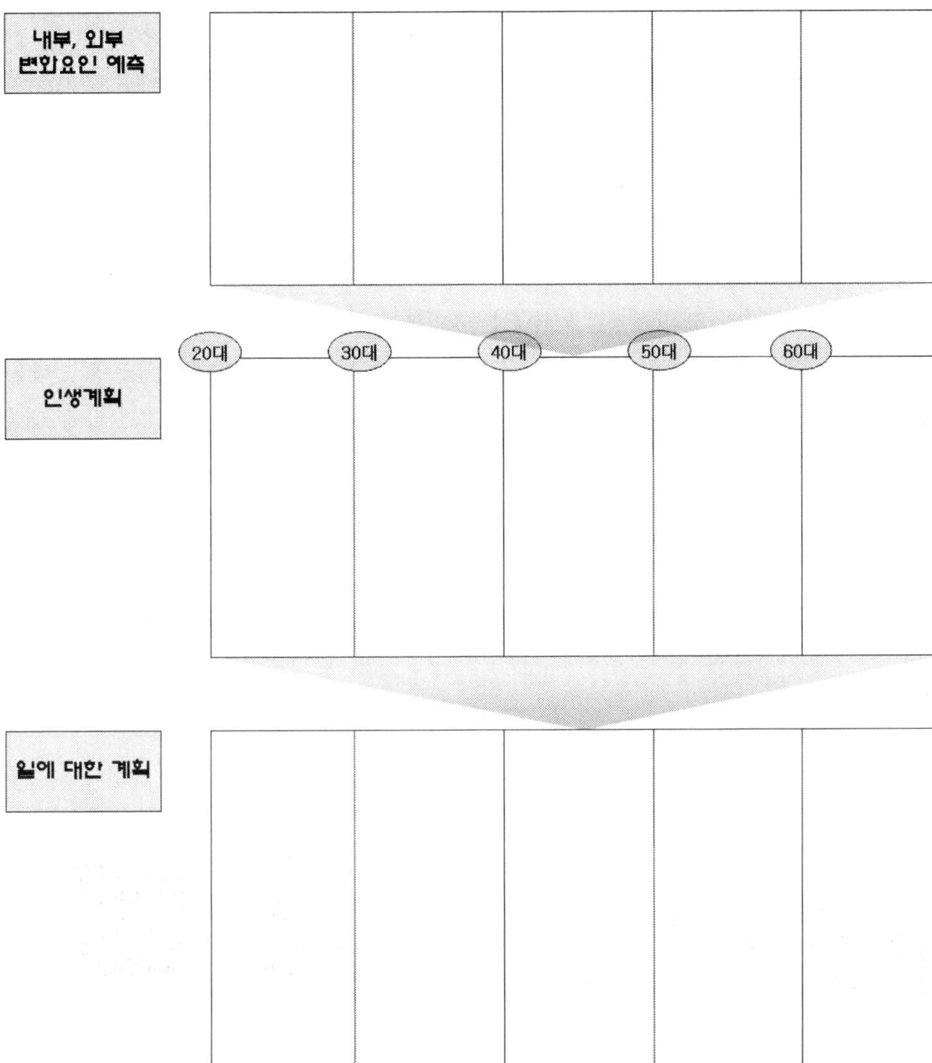

내용

우리는 일과 직업을 통해 자아를 실현한다. 그러나 모든 사람이 같은 직업을 가지고 있지 않으며, 그 직업이나 직무 혹은 그에 해당하는 직위를 평생 유지하지도 않고 각기 다른 경로로 살아간다. 이렇듯 모든 사람들이 각자 나름대로 살아가는 인생행로를 진로라고 할 수 있다. 한 개인의 삶이 곧 진로이며, 우리의 삶이 일과 밀접한 관련이 있기 때문에 진로는 일과 관련된 인생행로라고도 할 수 있다.

이처럼 우리는 일생에 걸쳐서 지속적으로 일과 관련된 경험을 하고 있으며 이를 경력이라고 한다. 경력은 직위, 직무와 관련된 역할이나 활동뿐만 아니라 여기에 영향을 주고받는 환경적 요소도 포함한다. 또한 경력은 전문적인 일이나 특정 직업에만 한정된 개념은 아니며, 승진만을 추구하는 활동도 아니다. 누구든지 일과 관련된 활동을 하고 있으면 경력을 추구하는 것이다. 모든 사람은 각자 독특한 직무, 지위, 경험을 쌓기 때문에 각자 나름대로 독특한 경력을 추구하게 된다.

개인은 직무가 변화되는 외부 상황의 변화나, 개인의 기대나 목표가 변화되는 주관적 인식의 변화에 따라 자신의 경력을 개발할 수 있다. 외부 상황의 변화와 주관적 인식의 변화가 상호작용하며, 경력개발이 추구되기도 한다. 따라서 경력개발은 개인이 경력목표와 전략을 수립하고 실행하며 피드백 하는 과정으로, 개인은 한 조직의 구성원으로서 조직과 함께 상호작용하며 자신의 경력을 개발해나간다.

경력개발은 자신과 자신의 환경 상황을 인식하고 분석하여 합당한 경력 관련 목표를 설정하는 과정으로서, 경력계획과 경력계획을 준비하고 실행하며 피드백 하는 경력관리로 이루어진다. 경력관리는 규칙적이고, 지속적으로 이루어져야 한다. 잘못된 정보나 이에 대한 이해가 부족하여 경력 목표를 잘못 설정하는 경우가 있으므로 계속적이고 적극적인 경력관리를 통해 이를 수정해 나가야 하며, 환경이나 조직의 변화에 따라 새로운 미션을 수립하고 새로운 경력이동 경로를 만들어 나갈 필요가 있다.

◈ 경력개발능력은 왜 필요한 것일까?

현대사회의 지식정보는 매우 빠른 속도로 변화하고 있으며, 이는 개인이 속한 조직과 일에 영향을 미친다. 또한 조직 내부적으로 경영전략이 변화하거나 승진 적체, 직무환경 변화 등의 문제를 겪게 된다. 개인적으로도 발달단계에 따라 일에 대한 가치관과 신념 등이 바뀌게 되다. 따라서 직업인들은 개인의 진로에 대하여 단계적 목표를 설정하고 목표성취에 필요한 능력을 개발해 나가야 한다.

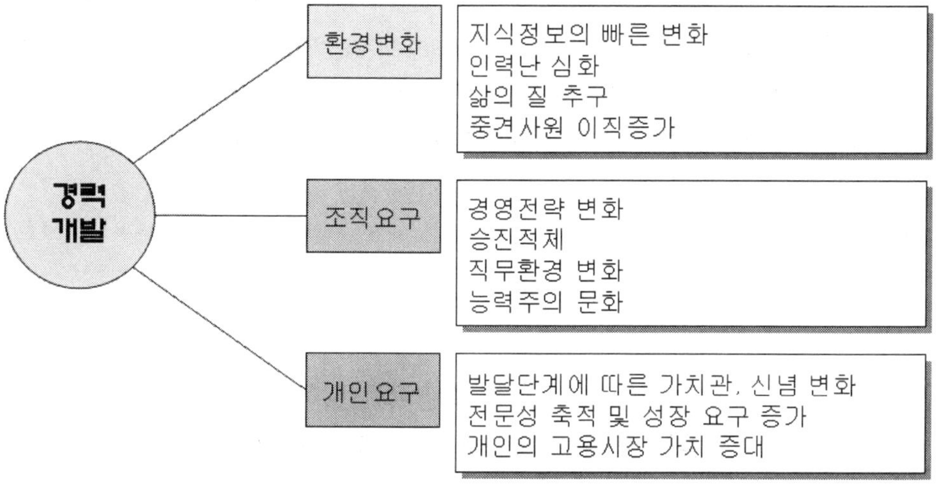

경력개발계획 수립 과정과 방법

경력은 입직시기로부터 단계적으로 성취되어 나간다고 볼 수 있다. 20대, 30대, 40대 경력단계의 특징과 각각의 단계에 따른 경력개발 계획을 수립하여 보자.

사람들의 입직시기, 환경 변화 요인에 차이가 있어서 다양한 경력단계를 갖게 되지만, 경력단계는 일정한 패턴을 갖고 있으며 일반적으로 연령에 따라 경력단계를 구분한다.

자신의 경력을 개발하기 위해서는 경력개발이 이루어지는 단계를 알고 이에 맞는 계획을 수립할 수 있어야 한다. 경력개발 계획은 자신과 주변의 환경, 그리고 직무를 정확하게 이해하고 목표를 수립하여 전략을 세우고 이를 실행하고 평가하는 단계로 이루어진다.

사례

회사가 내 인생 책임지지 않아…
투잡은 미래 준비 위한 자기계발, 자아실현

투잡하는 사람이 늘고 있다. 직장인 10명 중 1명은 '투잡족'이다. 신종 코로나 바이러스 감염증(코로나19) 사태로 직장인들은 '평생직장이 없다'는 현실을 몸소 느꼈다. 고용불안 심화, 빨라진 퇴직 연령, 부동산 가격상승률 대비 낮은 임금상승률, 자기계발 욕구가 투잡 현상을 부추기고 있다. 투잡의 범위도 대리운전, 택배배달 수준에서 플랫폼의 개발로 유튜버, 창업, 재능공유 등으로 다양해졌다. '이코노미조선'은 일자리에 대한 개념이 변화하고 있는 것에 주목해 '투잡시대' 커버스토리를 준비했다. 피할 수 없는 투잡 현상 속에 기업의 대응 방안과 성공적인 투잡 방법도 살펴봤다. 온라인 여성편집숍 ◇◇의 김○○(33) 대표는 매주 월요일~목요일 오전 9시부터 오후 2시 30분까지 쇼핑몰 업무를 한다. 하지만, 오후 4시부터는 서울 잠원동에 있는 한 수영장의 수영강사로 변신한다. 다시 금요일부터 일요일까지는 가급적 쇼핑몰 업무에 집중한다. 김 대표는 대학에서 사회체육학을 전공했지만, 관심은 늘 패션 쪽이었다. 투잡(two-job·두 개의 직업)족인 김 대표에게 쇼핑몰 사장이 자아실현 욕구가 충족되는 일이라면, 수영 강습은 스트레스가 풀리는 일이다. 김 대표는 "20대 초반부터 10년간 패션계에서 안 해본 일이 없을 정도로 경력을 쌓다 보니 이제 나만의 쇼핑몰을 창업하고

(사례 계속)

싶었다"며 "신종 코로나 바이러스 감염증(코로나19) 사태가 터지기 전까지만 해도 부업인 수영 강습이 자본금과 투자금 역할을 톡톡히 했다"고 말했다. 그는 "다만, 부업의 수익에 너무 집착하다 보면 본업인 쇼핑몰에 소홀하게 돼 강습을 일정 시간 이상 잡지 않는다"고 말했다.

누구라도 들으면 아는 국내 대기업에 다니는 김모(39)씨. 그는 일주일에 두 번은 회사 퇴근 후 무거운 몸을 이끌고 서울 대치동으로 향한다. 오후 7시가 되면 그는 다시 학원강사로 변신해 온 에너지를 쏟으며 학생들을 3시간가량 가르친 후 집으로 향한다. 수업이 많을 때는 회사를 쉬는 토요일과 일요일에도 오전 10시부터 오후 9시까지 학원에서 일한다. 통상 회사 월급이 더 많지만, 학원 성수기에는 수입 비중이 뒤집히기도 한다. 김씨는 "회사가 어려워지면서 임금이 크게 안 늘었다"며 "커가는 아이들을 생각하면 회사만 믿고 있기보다 추가 수입을 위해 투잡을 할 수밖에 없다"고 말했다. 다만 그는 "연차를 써가면서까지 투잡인 학원에 매진하지도, 본업에 지장을 줄 만큼 육체노동을 하지도 않는다는 원칙하에 앞으로도 투잡을 계속 할 것"이라며 "오히려 욕먹지 않기 위해 두 가지 일 모두 책임감 있게 잘하려 한다"고 했다.

평생직장이라는 개념이 희미해지고 있다. 직장인들은 더 이상 직장을 뼈를 묻는 곳이라고 생각하지 않는다. 20대 전문 연구기관 대학내일 20대연구소는 "주 52시간 근무제 등의 영향으로 직장인의 근무시간은 줄었지만, 모두가 그 시간에 마냥 놀지는 않는다"며 "고용불안이 심화되고 퇴직과 퇴사가 빨라지면서 그 이후의 삶에 대비하기 위해 직장인들이 N잡러를 자처하고 있다"고 했다. 한 개 이상의 직업을 갖는 직장인이 많아졌다는 이야기다. N잡러는 직업의 수 N에 직업을 뜻하는 '잡(job)', 사람을 뜻하는 '~er'이 합쳐진 신조어다. 영어로는 투잡족을 달빛이 떠오를 때 일하는 사람이라는 말로 '문라이터(moonlighter)'라고 부르기도 한다.

과거에는 투잡족이 경제적 이유만으로 여러 직업을 병행하는 경향이 짙었다. 다만, 최근에는 부업의 개념을 넘어 미래를 준비하기 위한 자기계발·자아실현 투잡족을 자처하는 사람이 많다. 이 경우 오히려 투잡하는 시간을 즐기고 이익도 얻는다. 또 자신의 능력을 개발하기도 한다.

신한은행이 최근 발표한 '보통사람 금융생활 보고서 2020'에 따르면 2019년 투잡족은 10.2%로 2018년(8.1%)보다 1.3배 늘어났다. 경제활동자 10명 중 1명은 투잡족인 셈이다. 투잡을 하다가 오히려 본업보다 큰 수익을 낸다면 진로를 변경하는 사람도 있다. 일단 회사에 다니면서 투잡을 시도하고 두 번째 직업이 잘되면 그때 갈아타는 방식이다. 사람들이 복수의 일을 하는 이유는 뭘까. 네 가지 관점에서 분석했다.

(사례 계속)

◇ 이유 1 | 주 52시간, 경기 부진, 코로나19로 임금 줄어

직장인들은 '회사는 절대 나를 책임져 주지 않는다. 언제든 상황이 안 좋으면 내쳐지는 게 냉정한 현실'이라는 점을 인정한다. 특히 코로나19 사태로 다수의 직장인은 위기상황에서 희망퇴직, 구조조정, 무급휴직이 가능하다는 것을 경험했다. 실제로 코로나19 사태로 비자발적으로 쉬게 된 일부 승무원은 회사 내 겸직 금지 규정이 있음에도 승무원 준비생을 대상으로 한 과외 일자리, 유튜브 방송, 인스타그램을 통한 물건 판매에 나서기도 했다. 코로나19로 임금이 줄어든 상황에서 회사가 이 같은 투잡을 적극적으로 막기도 애매한 상황이다.

취업포털 인크루트가 운영하는 알바콜이 코로나19 이후 아르바이트 구직 경험이 있는 응답자 1599명을 대상으로 조사한 결과, 13.5%는 이미 투잡을 뛰고 있고 35.7%는 투잡을 고려하고 있었다. 특히 자영업자의 47.4%, 직장인의 22.1%가 '이미 투잡을 뛰고 있다'고 밝혔다. 자영업자와 직장인이 '투잡을 고려하고 있다'고 답한 비율은 각각 21.1%, 44.7%였다.

한 대기업에 다니는 장모(34)씨는 "주 52시간 근무제 도입으로 여유 시간이 생긴 것은 좋지만, 오히려 야근 수당이 줄어 월급이 줄었다"며 "이런 상황에서 코로나19 사태까지 겪으니 정말 내 일을 해야겠다는 생각에 회사 몰래 동생 이름으로 인스타그램 판매를 시작했다"고 했다.

불안한 고용환경에서 직장인들은 미래를 위한 보험으로 이직할 때 유리한 조건을 만들기 위해 재무위험관리사(RFM), 국제공인신용장전문가(CDCS), 공인중개사 등의 자격증을 따기도 한다. 공부하는 직장인을 직장인(salaryman)과 학생(student)의 합성어인 '샐러던트(Saladent)'로 부르기도 한다.

◇ 이유 2 | 임금보다 높은 부동산 가격

학자금 대출을 떠안은 채 사회생활을 시작한 것도 버거운데, 임금도 생각만큼 안 오르니 직장인들은 답답하다. 대학가에서 호프집을 운영하는 직장인 한모(41)씨는 "서울 집값을 봐라. 마흔 살이 넘어가는데 아직도 월세와 전세를 왔다 갔다 하고 있어 이대로는 안 되겠다는 생각을 해 투잡을 시작했다"고 말했다. 그는 퇴근 후 해보고 싶었던 호프집을 운영하면서 추가 수입을 올리고 있다.

종합부동산포털 부동산114 집계에 따르면 2013년 서울 아파트는 3.3㎡(1평)당 평균 1624만원이었다. 하지만 올해 6월 19일 기준으로는 3017만원으로 85.7%, 1393만원 올랐다. 같은 기간 대기업 4년제 대졸 신입사원 연봉은 3712만원에서 4118만원으로 10.9%, 406만원 올랐다. 단순히 계산하면 2013년에는 대기업 신입사원이 1년

(사례 계속)

연봉을 모두 모으면 아파트 약 7.5㎡(2.26평)를 살 정도였지만, 올해는 연봉으로 사들일 수 있는 규모가 4.5㎡(1.36평)로 줄었다. 본업의 월급만으로는 도움 없이 집 장만하기가 더 어려워졌다는 이야기다.

◇ 이유 3 | 자아실현, 바뀐 일자리 개념

자신의 적성과 무관한 회사에 취업한 젊은이들이 자아실현을 위해 투잡을 하는 경우도 있다. 취업이 어려워지자 대학생들은 자신이 좋아하는 일보다는 회사가 좋아할 스펙(경력) 쌓기에 몰두하며 대학 생활을 한다. 졸업할 때쯤에는 수십 장의 자기소개서를 낸 후 자신의 적성은 고려하지 않고 붙은 곳을 다니는 사람이 대다수다. 상황이 이렇다 보니 막상 사회생활을 하며 재미를 못 느끼는 사람이 많다.

공기업에 재직 중인 권모(36)씨는 2년 전 약 1년간 퇴근 후 한 중소기업으로 다시 출근해 회계 일을 보는 말단 직원으로 투잡을 뛰었다. 그는 "돈을 벌기 위해서가 아니라 회계 실무를 배우고 싶었다"고 했다.

젊은층을 중심으로 일자리의 개념도 바뀌고 있다. 비정규 임시·계약직의 프리랜서 근로 형태가 확산되는 경제, 긱 이코노미(gig economy)가 부상하고 있다.

필요할 때마다 계약직·임시직 등을 섭외해 일을 맡기는 '긱잡(gig job)'을 하는 근로자는 고용 불안, 임금 정체를 겪기도 하지만, 일하고 싶을 때 일하고 쉬고 싶을 때 쉰다는 자유와 유연성을 보장받는다. 자신의 차를 이용해 택배 배송 일을 하는 '쿠팡플렉스'가 대표적인 예다. '긱(gig)'은 1920년대 미국 재즈 클럽들이 섭외한 단기 연주자를 부르는 데서 유래됐다.

글로벌 컨설팅 회사 맥킨지는 2025년 긱 이코노미가 창출하는 부가가치가 전 세계 국내총생산(GDP)의 2%에 해당하는 2조7000억달러(약 3246조원)에 달하고, 약 5억 4000만 명이 혜택을 입을 것으로 봤다.

미국과 유럽의 경제활동인구 중 긱 이코노미에 종사하는 인력은 20~30%로 추산된다. 영국 일간지 가디언은 지난해 6월 자국 내 긱 이코노미 근로자가 470만 명으로 집계된다고 보도했다. 최근 3년간 두배로 늘어난 수치다. 가디언은 "긱 이코노미는 조직에 얽매이기 싫어하는 젊은 층에서 선호되고 있다"고 했다.

◇이유 4 | 이른 은퇴 꿈꾸는 파이어족

은퇴하겠다는 목표를 가진 파이어(FIRE· Financial Independence Retire Early)족의 등장도 투잡 현상에 불을 지피고 있다. 파이어는 '재무적으로 독립해 일찍 은퇴

(사례 계속)

한다'는 의미를 담고 있다. 이들은 극단적인 절약으로 부를 축적해 일반적인 은퇴 나이인 50~60대가 아닌 30대 말이나 늦어도 40대 초반까지는 은퇴를 목표로 한다.

파이어족은 2008년 글로벌 금융 위기 이후 미국의 젊은 고학력, 고소득 계층을 중심으로 확산됐다. 부모 세대인 베이비붐 세대가 금융 위기로 경제적 어려움을 겪는 모습을 보며 자라 온 밀레니얼 세대(1981~96년 출생)가 주축이다. 자산운용사 티로프라이스에 따르면 밀레니얼 세대 노동자 중 65세 전에 은퇴를 기대하는 응답자 비율은 43%에 달한다. 이는 그 전 세대인 X세대(1970~80년 출생)의 35%보다 훨씬 높은 숫자다.

투잡에 관심이 커진 것은 플랫폼의 발전이 한몫했다. 플랫폼을 통해 누구든지 마음만 먹으면 몇 분 안에 투잡 시장에 뛰어들 수 있는 환경이 조성된 것이다. 서용구 숙명여대 경영학과 교수는 "투잡 현상은 곧 일반화될 것"이라며 "평생직장은 더 이상 없는 프리랜서 이코노미(freelance economy) 시대가 열렸다"고 말했다. 나준호 LG경제연구원 연구위원은 '온라인 인재 플랫폼이 직업 세계를 변화시킨다'는 보고서에서 "앞으로 직업의 기회는 기업에 정규직으로 취직하지 않더라도 더 다양하고 유연하게 넓어질 수 있다"며 "점점 좁아지는 취업 문을 뚫는 대신 자기 고용을 시도하는 기회가 많아지고, 시간제 근무나 프로젝트 형태로 여러 기업과 동시에 일을 하는 프리랜서나 멀티잡(multi-job) 직업인들이 많이 생길 것"이라고 했다.

다만, 전문가들은 투잡이 늘 성공적으로 이어지는 것은 아니기 때문에 주의가 필요하다고 말한다. 투잡을 단순히 돈을 벌기 위해서 혹은 재미만을 위한 수단으로 생각하는 것을 경계해야 한다는 이야기다. 투잡을 시작할 때 진지하게 자신의 미래도 함께 고민해 자신만의 길을 디자인하지 않으면 오히려 본업까지 망치는 결과를 초래한다. 두 마리의 토끼를 잡으려다 두 마리 토끼 이상을 놓치는 식이다. 직장인 안모(36)씨는 대출금을 갚기 위해 투잡을 시작했다. 그는 회사를 칼퇴근하기 위해 이직까지 했다. 안씨는 "워라밸(일과 삶의 균형) 때문이 아닌 추가 수입을 위한 투잡을 위해 이직을 했는데, 몸도 마음도 지쳐 새로운 직장에 몰두하기가 어려웠고 인간관계와 건강도 나빠졌다"고 했다.

투잡을 하기 전 확인해야 할 사항도 많다. 본업을 하는 회사가 사규로 겸업을 금지하고 있는지 확인해야 한다. 특히 현직 공무원의 경우 원칙적으로는 투잡이 금지다. 세금도 따져봐야 한다. 본업 외 발생하는 수입은 반드시 소득을 합산해 신고해야 한다.

출처: 조선비즈.
https://biz.chosun.com/site/data/html_dir/2020/07/02/2020070203281.html

활동

자신의 경력단계가 직업선택, 조직입사, 경력초기, 경력중기, 경력말기와 관련하여 준비단계인지, 실행 혹은 완료단계인지를 파악하여, 이미 경험한 일에 대해서는 실행 혹은 완료단계의 질문에 대한 자신의 경험을 적고, 아직까지 경험하지 못한 일에 대해서는 준비단계에 해당하는 자신의 계획을 작성하여 보자.

	준비단계	실 행	완료단계
1	나는 언제, 어떤 직업을 가지려고 하는가?	나는 어떤 직업을 수행하고 있는가.?	나는 직업 선택에 만족하였는가?
2	나는 조직에 입사하기 위하여 준비할 것은 무엇인가? 언제쯤 입사할 예정인가?	나는 조직을 선택하고 입사할 때 어떠한 과정을 거쳤는가?	나는 지금까지 조직에 입사하는 과정에서 어떠한 경험을 하였는가?
3	나는 직무와 조직의 규칙과 규범을 배우기 위하여 어떤 노력이 필요한가?	나는 직무와 조직의 규칙과 규범을 위해 어떤 노력을 하고 있는가?	나는 직무와 조직의 규칙과 규범에 어느 정도 숙달하고 있는가?
4	나는 직무와 조직에서 안정기(정체기)에 접어들면 어떤 노력이 필요하고, 어떠한 생각을 가질 것 같은가?	나는 직무와 조직에서 안정기에 접어들면서 어떠한 생각으로 무엇을 준비하고 행동하고 있는가?	나는 직무와 조직에서 안정기(정체기)에 접어들면서 생각하고 준비한 것은 어느 정도 이루어졌는가?
5	나는 퇴직한 이후를 준비하기 위하여 어떤 노력이 필요한가?	나는 퇴직한 이후를 준비하기 위하여 지금 어떠한 노력을 기울이고 있는가?	나는 퇴직 이후의 준비와 계획을 어느 정도 잘 성취하였는가?

자신의 경력계획을 수립하여 보자.

1. 나는 나의 직업과 관련하여 무엇을 얼마만큼 알고 있는가?

2. 자신의 경력개발과 관련하여 자신과 환경에 대해 알고 있는 것은?

3. 나는 전문가가 되기 위해 어떤 목표를 어떻게 구체적으로 수립하였는가?

4. 전문성을 높이기 위해 어떤 전략을 수립하고 실행하였는가?

1. 자신의 특징, 직무 및 직무관련 환경의 특징에 대하여 작성해 보자.

2. 자신의 경력개발 목표를 장, 단기로 세워보자.
• 5년 이후 경력개발 목표 : • 2~3년간 경력개발 목표 :

3. 자신의 경력개발 전략을 수립하여 보자.

내용

경력개발은 일과 관련되어 일어나는 연속적인 과정이다. 경력개발 단계에 대한 많은 모형들이 있으며, 이러한 모형들은 경력이 일정한 단계를 거치면서 점진적으로 성숙된다는 전제로 대략적인 연령범위를 설정하여 설명하고 있다. 예를 들어, 경력단계모형은 시작단계에서 특정 직업을 선택하고 계속적으로 동일한 경력분야에서 일을 해나가는 것을 가정한 것이다. 그러나 개인별로 입직시기도 다르고, 처한 환경과 상황이 달라서 경력단계를 연계시켜 일반화하는 것은 쉽지 않다.

따라서 일반적으로 다음과 같이 직업선택, 조직입사, 경력초기, 경력중기, 경력말기로 나누어 볼 수 있으며, 성인 초기에 직업을 선택하고, 조직에 입사하여 경력초기의 과정을 거치며, 성인 중기에 경력중기 또는 경력말기의 과정을, 성인 말기에 경력중기 또는 경력말기의 직업생활을 유지하고 퇴직을 준비하는 과정을 거친다.

직업선택 ▶ 조직입사 ▶ 경력초기 ▶ 경력중기 ▶ 경력말기

1. 직업선택

이 단계는 자신에게 적합한 직업이 무엇인지를 탐색하고 이를 선택한 후, 여기에 필요한 능력을 키우는 과정이다. 이를 위해서 자신의 장단점, 흥미, 적성, 가치관 등 자신에 대한 탐색과, 자신이 원하는 직업에서 요구하는 능력, 환경, 가능성, 보상 등 직업에 대한 탐색이 동시에 이루어져야 한다. 이를 고려하여 자신에게 적합한 직업을 선택하고, 공공 혹은 민간의 교육프로그램에 참여하거나, 자격증을 취득하는 등 직업역량을 배양시킨다. 이 단계는 일반적으로 태어나면서부터 25세까지로 구분되지만, 사람에 따라서 직업선택은 일생 동안 여러 번 일어날 수도 있다.

2. 조직입사

자신의 일의 세계가 결정이 되면 그 일을 수행할 조직에 들어가게 된다. 이 단계에서는 일반적으로 학교를 졸업하고 자신이 선택한 경력분야에서 원하는 조직의 일자리를 얻으며, 직

무를 선택하는 과정이다. 직무를 선택할 때도 직업선택 과정과 마찬가지로 환경과 자신의 특성을 고려해야 하며, 특히 자신이 들어갈 조직의 특성을 알아보아야 한다. 이 단계는 일반적으로 18~25세에 발생되나, 각각의 교육정도나 상황에 따라 조직입사시기가 다를 수 있기 때문에 유동적이다.

3. 경력초기

조직에 입사하면, 직무와 조직의 규칙과 규범에 대해서 배우게 된다. 특히 자신이 맡은 업무의 내용을 파악하고, 새로 들어간 조직의 규칙이나, 규범, 분위기를 알고 적응해 나가는 것이 중요한 과제이다. 또한, 궁극적으로 조직에서 자신의 입지를 확고히 다져나가 승진에 많은 관심을 가지는 시기이다. 경력초기 단계는 일반적으로 25~40세까지의 성인초기로 구분하지만, 무엇보다도 이 시기는 성공 지향적인 행동을 언제까지 하느냐로 구분될 수 있을 것이다.

4. 경력중기

경력중기는 자신이 그동안 성취한 것을 재평가하고, 생산성을 그대로 유지하는 단계이다. 그러나 경력중기에 이르면 직업 및 조직에서 어느 정도 입지를 굳히게 되어 더 이상 수직적인 승진가능성이 적은 경력 정체시기에 이르게 된다. 이 시기에는 새로운 환경의 변화(예컨대 과학기술, 관리방법의 변화 등)에 직면하여 생산성을 유지하는 데 어려움을 겪기도 한다. 또한 개인적으로 현 직업이나 생활스타일에 불만을 불만을 느끼며, 매일의 반복적인 일상에 따분함을 느끼기도 한다. 이에 따라 자신의 경력초기의 생각을 재검토하게 되며, 현재의 경력경로와 관련 없는 다른 직업으로 이동하는 경력변화가 일어나기도 한다. 이 단계는 일반적으로 40~55세의 성인중기를 일컫는다.

5. 경력말기

경력말기에 사람들은 조직의 생산적인 기여자로 남고 자신의 가치를 지속적으로 유지하기 위하여 노력하며, 동시에 퇴직을 고려하게 된다. 특히, 경력말기로 갈수록 경력중기에 경험했던 새로운 환경 변화에 대처하는 데 더 어려움을 겪게 되며, 퇴직에 대한 개인적인 고민과 함께 조직의 압력을 받기도 한다. 경력말기는 대부분 50대 중반에서 은퇴시기까지를 말하지만, 평균수명은 증가하는 데 반해 인력난은 점차 심해져서 경력말기가 과연 성인말기에 해당하는지는 의문시되고 있다.

경력개발은 경력을 탐색하고 자신에게 적합한 경력목표를 설정하며, 이에 따른 전략을 수립해서 실행하고 평가하여 관리하는 단계로 이루어진다. 각 단계들은 명확하게 구분되는 것은 아니며 중복적으로 이루어질 수 있고 실행과 평가를 통해 수정될 수 있다.

1단계 직무정보 탐색	▪ 관심 직무에서 요구하는 능력 ▪ 고용이나 승진 전망 ▪ 직무만족도 등
2단계 자신과 환경 이해	▪ 자신의 능력, 흥미, 적성, 가치관 ▪ 직무 관련 환경의 기회와 장애요인
3단계 경력목표 설정	▪ 장기목표 수립 : 5~7년 ▪ 단기목표 수립 : 2~3년
4단계 경력개발 전략수립	▪ 현재 직무의 성공적 수행 ▪ 역량 강화 ▪ 인적 네트워크 강화
5단계 실행 및 평가	▪ 실행 ▪ 경력 목표, 전략의 수정

경력개발의 다양한 이슈

최근에는 평생직장의 개념이 사라지고 이직이나 투잡, 창업 등의 새로운 경력을 가지는 사람이 증가하고 있다. 나는 평생 동안 직장을 몇 번이나 옮겨 다닐까? 나의 경력개발과 관련된 최신 이슈들은 무엇이 있는지 알아보자.

예전에는 한 사람이 조직에 입사하면 평생직장의 개념을 강하게 인식하였고, 한 직업을 정하면 그 직업을 평생 동안 바꾸지 않았다. 전통적인 직선적 경력으로 한 직업, 한 직장에서의 수직적인 승진을 강조하였던 반면에, 최근에는 경력관리에 대한 새로운 이슈들이 등장하여 나선형 경력으로 지속적인 주요 경력의 변화가 이루어지며 단기적으로 경력의 변화가 빈번하게 이루어지고 있다.

또한 조직 내 승진의 개념으로 이해되던 수직적 경력개발의 개념과 더불어 변화무쌍한 모습으로 변화하고 있다. 창업, 전혀 다른 직종으로의 전환, 독립근로자나 프리랜서와 같은 비전통적인 노동방식으로 변화하고 있다.

사례

직장인들 이직 실패해 봐... 타이밍 놓쳐서

직장인 10명 중 9명이 이직에 실패한 적이 있다고 답했다.

취업성공 플랫폼 잡코리아가 최근 직장인 1388명을 대상으로 '이직 실패 경험'을 묻는 설문조사를 실시하고 그 결과를 13일 발표했다.

잡코리아에 따르면 직장인 89.4%가 '이직에 실패한 적이 있다'고 답했다. 이직 실패 경험을 유형별로 살펴보면 전체 응답 직장인을 기준, 55.1%가 '이직을 준비하거나 시도하던 도중에 포기한 적이 있다'고 답했다. 이보다 조금 못 미치는 52.8%의 직장인들이 '이직을 시도했으나 최종 합격하지 못한 적이 있다'고 답했다.

그렇다면 직장인들은 무엇 때문에 자신이 이직에 실패했었다고 생각할까? 잡코리아가 이직에 실패한 주요 이유(*복수응답)를 질문한 결과 '이직할 회사와의 타이밍 불일치'를 꼽는 응답이 응답률 25.6%로 가장 많았다. 이직시도 당시 직급을 기준으로 실패 사유를 살펴 보면 사원급은 △직무관련 경험 부족(30.4%)을 1위에 꼽은 데 이어 △이직에 대한 적극성 및 의지 박약(25.4%), △직무 관련 전문성 부족(23.0%)을 2, 3위로

(사례 계속)

꼽았다. 대리급은 △성급한 업직종 변경(29.1%)을 이직 실패의 가장 큰 이유로 꼽았으며 △타이밍(26.7%), △직무 전문성 부족(23.3%)도 이유로 꼽았다. 과장급은 △타이밍 불일치가 응답률 40.6%로 가장 높았으며 △너무 무거운 연차 및 직급(25.0%)도 주요 이유로 꼽았다. 부장급 역시 △너무 무거운 연차 및 직급(42.9%)을 주요 이유로 꼽아 눈길을 끌었다.

잡코리아 홍보팀장은 "적지 않은 직장인들이 준비 없이 또는 성급하게 이직에 나섰다가 이직 실패를 경험하곤 한다"며 "평소 꾸준한 커리어 관리를 통해 언제라도 원할 때 지원서를 제출할 수 있도록 준비가 필요하다"고 전했다.

출처: 파이낸셜뉴스. https://www.fnnews.com/news/202007130917465797

'워라벨' 중요한 2030 직장인 42% "직급, 승진 신경 안 쓴다"

2030 직장인들이 자신의 만족과 '워라벨(work and life balance·일과 생활의 균형)'을 중시함에 따라 승진에 크게 신경쓰지 않는다는 설문조사가 나왔다.

30일 구인구직 매칭 플랫폼 사람인에 따르면 20대와 30대 직장인 724명을 대상으로 '최종 승진 목표'에 대해 설문조사한 결과, 41.7%는 '딱히 직급 승진에 신경 쓰지 않는다'고 답했다.

연령대별로는 20대의 44.6%가 진급에 신경 쓰지 않는다고 밝혀 30대(35.2%)보다 9.4%포인트 더 높았다.

최종 승진 목표 순위는 남녀 간 별다른 차이가 없었다. 남성과 여성 모두 '승진에 신경 안 쓴다'는 답변이 각각 37.7%, 47.0%로 가장 많았다. 이어 임원급(남 36%, 여 15%), 부장(남 14.4%, 여 13.1%) 순으로 목표를 잡고 있었다.

다만, 남성은 부장 이상이 50.4%였지만, 여성은 28.1%에 그쳤다.

최종 승진 목표까지 오를 수 있다고 생각하는 남성은 56%, 여성은 44.7%로 차이를 보였다.

목표한 직급까지 승진이 불가능한 이유로는 '직장생활을 오래 할 생각이 없어서'(남 32%, 여 35.3%, 복수응답)와 '승진에 욕심이 없어서'(남 28.2%, 여 35.3%)를 1, 2위로 선택했다.

사람인 관계자는 "2030 세대들은 '한 회사의 직장인'이라는 위치에 크게 무게를 두지 않는 세태가 반영된 것으로 보인다"라고 말했다.

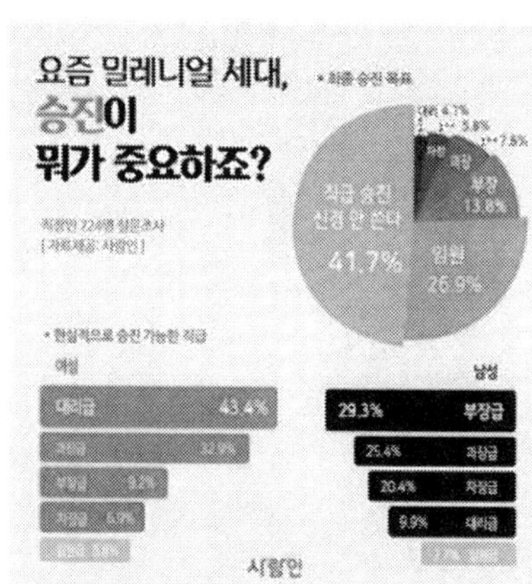

출처: 파이낸셜 뉴스. 2019.10.30. https://www.fnnews.com/news/201910301040227787

활동

1. 자신과 관련 있는 경력개발 이슈를 작성하여 보자.

- ◦
- ◦
- ◦
- ◦

2. 다음 자료를 참고하여 자신의 경력단계를 예측하여 보자.

○ 한국인 평균수명 30년 전보다 15년 길어짐

- 1977년 (64.5세), 1993년 (72.8세), 2005년 (77.9세)

○ 우리나라 기업의 평균 정년 연령은 57세

실제로 직장을 그만둔 나이는 53세

○ 국민연금 수급연령 상향화

- 현재(60세), 2013년(61세), 2018년(62세), 2023년(63세), 2028년(64세), 2033년(65세)

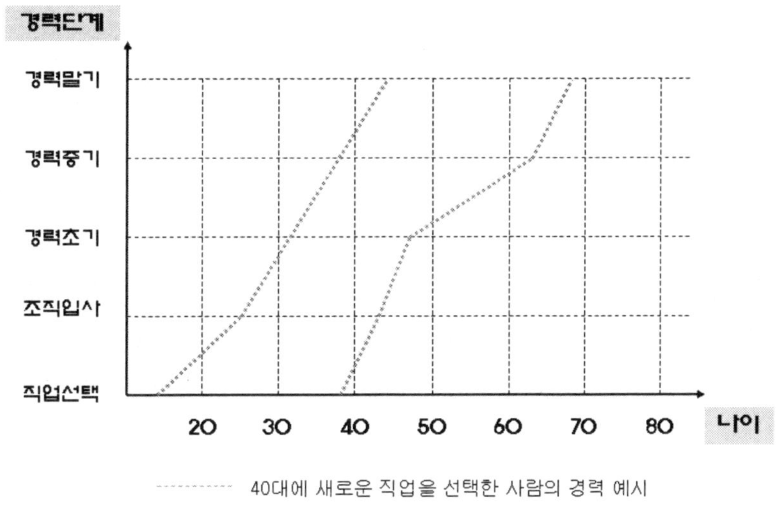

출처: 통계청

내용

우리나라는 최근 청년실업의 증가와 함께 직업을 가지고 있어도 고용이 불안정하여 평생에 걸쳐 경력개발을 하지 않으면 안 되는 시대가 되었다. 이와 관련하여 최근 경력개발과 관련된 이슈를 알아보고 자신의 경력계획을 점검하여 보자.

◈ 평생학습 사회

지식과 정보의 폭발적인 증가로 새로운 기술개발에 따라 직업에서 요구되는 능력도 변화하고 있으며, 지속적인 능력개발이 필요한 시대가 되었다. 평생직장이라는 말은 사라진 지 오래이며, 평생 동안 여러 개의 직업 경력을 가지는 사람도 증가하고 있다. 개인 각자가 자아실현, 생활향상 또는 직업적 지식, 기술의 획득 등을 목적으로 생애에 걸쳐서 자주적, 주체적으로 학습을 계속할 수 있는 평생학습사회가 도래하였으며, 이러한 사회에서는 개인이 현재 가지고 있는 능력보다 개인의 학습하는 능력과 이에 대한 자기개발 노력이 더욱 중요시된다.

◈ 투잡스(two-jobs)

지속적인 경기불황에 따라 2개 혹은 그 이상의 직업을 가지는 사람이 늘고 있다. 특히 주 5일제가 시행되면서 이러한 투잡은 더욱 확대되고 있다. 한 취업기관 사이트가 30대 이상 직장인 2050명을 대상으로 '직장인 아르바이트 현황'에 대한 설문조사를 진행한 결과, 응답자 중 18.6%는 '현재 직장생활과 함께 아르바이트를 하고 있다'고 답했다. 투잡을 원하는 이유 1순위는 '월급으로는 생활이 힘들어서'(57.3%, 복수응답)였으며 이어 '결혼, 빚 청산, 노후 등 목돈 마련을 위해'(35.4%), '창업 등 새로운 커리어를 위한 준비차원'(23.7%), '취미 및 특기 적성을 살리고 싶어서'(22.3%) 순으로 나타났다.

◈ 청년 실업

외환위기 이후 우리나라 노동시장에서 청년 실업은 매우 큰 문제로 부각되고 있다. 2006년 9월 현재 청년 실업률은 7.2%로, 2002년도에 잠시 낮아졌던 비율이 다시 상승하고 있다. 청년 노동시장은 경기변동에 매우 민감하다. 경기 침체 시 대부분의 기업들은 우선적으로 신규채용을 억제하기 때문이다.

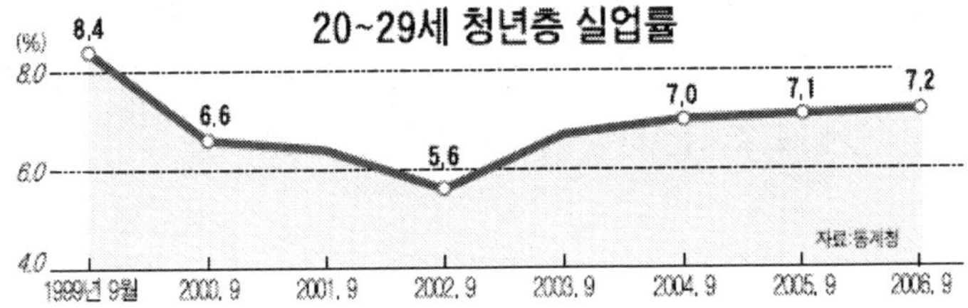

◈ 창업경력

전 세계적으로 창업이 증가하는 추세이다. 최근에는 인터넷의 확산으로 공간이나 시간의 제약 없이 손쉽게 창업을 하고 있으며, 여성들의 창업도 증가하고 있다. 창업을 하는 이유로는 정치 변화, 경제 변화, 회사생활에 대한 불만 등이 언급되고 있다.

모든 사람들이 자신의 사업을 경영하고 싶은 소망을 가지고 있듯이 창업이 매력적인 것은 틀림없지만, 창업에 성공하기 위해서는 자신의 흥미나 재능, 가치, 라이프스타일을 철저히 이해하고 업무 환경에 대한 충분한 정보를 얻은 후에 구체적인 목표와 전략을 수립하여 실행해야 한다. 청년실업문제와 새로운 일자리 만들기 이슈와 맞물려 각급 단위 학교에서도 창업교육이 활발하게 이루어지고 있으며, 청년창업을 지원하는 정부 정책들도 다양하다.

◈ 독립근로자와 같은 새로운 노동형태의 등장

긱 경제의 출현은 개별 근로자들에게 노동방식과 노동시간에 대한 결정권을 갖게 하였으며, 프리랜서, 계약근로자, 자유근로자, 포트폴리오 근로자와 같은 독립근로 형태 등 노동방식의 변화를 가져왔다. 정보기술의 발달로 원격근무 등 근무환경이 유연해진 것도 다양한 분야에서 독립근로자들이 증가하게 된 배경이 되었다. 이들은 지속적으로 특정 조직에 고용되는 것이 아니다. 그렇기에 자신의 경력개발에 대한 책임이 오로지 개인에게 주어지는 경향이 있다. 4차 산업 분야의 주력산업인 AI, IoT, 빅데이터, 가상현실과 증강현실, 블록체인 등의 산업분야가 성장하면서 점차 인간의 노동력은 기계로 대체되어 일자리가 줄어들고 독립근로자들이 증가할 것이다. 퇴직연한이 짧아져 빠르게 조직 안에서 나올 수밖에 없는 이들은 전문성을 갖추기 위해여 특정 조직 안에 고용된 사람들과는 다른 방식으로 경력개발 준비를 해야 한다.

◈ 일과 생활의 균형(Work-Life Balance, WLB)

컨설팅 기업인 타워스 페린은 최근 16개 국가 직장인 8만6000여명을 대상으로 인재를 끌어들이는 주요인에 대해 조사했다. 우리나라의 경우 경쟁력 있는 복리후생 제도가 1위, 일과 삶의 균형이 2위로 나타나 일과 생활의 균형에 대한 관심이 증가하고 있음을 알 수 있다. 그러나 선진국에서는 이미 WLB 프로그램이 보편화된 데 비해 우리나라에서는 일부 대기업이나 사정이 나은 중소기업 정도가 이를 도입했거나 검토 중이다. 경영적 측면에서 적지 않은 비용이 들어가지만, 긍정적 효과는 당장 가시화되지 않기 때문이다.

학습정리

1. 직업인은 일생에 걸쳐서 지속적으로 나타나는 일과 관련된 경험으로써 경력을 쌓아가며, 이러한 경력의 개념에는 직위, 직무와 관련된 역할이나 활동뿐만 아니라 여기에 영향을 주고받는 환경적 요소도 포함된다.

2. 직업인은 직무가 변화되는 외부 상황의 변화나 개인의 기대나 목표가 변화되는 주관적 인식의 변화에 따라 자신의 경력을 개발할 수 있다. 경력개발은 개인이 경력목표와 전략을 수립하고 실행하며 피드백을 하는 과정으로, 직업인은 한 조직의 구성원으로서 조직과 함께 상호작용하며 자신의 경력을 개발해 나간다.

3. 직업인은 지식정보의 빠른 변화와 같은 환경 변화와, 조직의 경영전략이나 승진 적체, 직무환경 변화 등 조직의 요구에 따라 또는 개인의 가치관이나 성장 욕구 등 개인의 요구에 따라 경력개발을 해나간다.

4. 직업인의 경력단계는 직업을 선택하고, 조직에 입사하여 직무와 조직의 규칙과 규범에 대해서 배우는 경력초기의 과정을 거치며, 자신이 그동안 성취한 것을 재평가하는 경력 중기와 퇴직을 준비하는 경력말기를 거친다.

5. 직업인은 경력을 탐색하고 자신에게 적합한 경력목표를 설정하며 이에 따른 전략을 수립해서 실행하고 평가, 관리하는 단계를 통해 경력개발을 할 수 있다. 다만 이러한 단계는 명확하게 구분되는 것은 아니며 중복적으로 이루어질 수 있고 지속적으로 수정될 수 있다.

6. 최근 경력개발과 관련하여 많은 이슈가 발생하고 있다, 평생학습 사회의 도래로 지속적인 학습이 강조되고, 주5일제 확대와 경기불황에 따라 투잡이 활성화 되고 있다. 외환위기 이후 청년실업이 계속 증가하고 있으며, 새로운 일을 창업하려는 사람도 늘고 있다. 직업인들은 경력개발 계획을 수립할 때 이러한 이슈들을 고려하여야 한다.

사후확인

체크리스트

직업기초능력으로서 자기개발능력을 학습한 것을 토대로 다음 표를 이용하여 자신의 수준에 해당되는 칸에 체크해 보자.

구분	문항	매우 미흡	미흡	보통	우수	매우 우수
D-1 자기개발 능력	1. 나는 자기개발의 의미를 설명할 수 있다.	1	2	3	4	5
	2. 나는 자기개발능력의 의미를 설명할 수 있다.	1	2	3	4	5
	3. 나는 자기개발의 특징을 설명할 수 있다.	1	2	3	4	5
	4. 나는 현대사회에서 자기개발이 필요한 이유를 설명할 수 있다.	1	2	3	4	5
	5. 나는 자아인식의 개념을 설명할 수 있다.	1	2	3	4	5
	6. 나는 자기관리의 개념을 설명할 수 있다.	1	2	3	4	5
	7. 나는 경력개발의 개념을 설명할 수 있다.	1	2	3	4	5
	8. 나는 자기개발을 방해하는 장애요소를 해결할 수 있다.	1	2	3	4	5
	9. 나는 자기개발 계획의 수립전략을 설명할 수 있다.	1	2	3	4	5
	10. 나는 자기개발 계획 수립이 어려운 이유에 대해서 설명할 수 있다.	1	2	3	4	5
	11. 나는 브랜드의 조건을 설명할 수 있다.	1	2	3	4	5
	12. 나는 자신을 브랜드화 하기 위한 전략을 설명할 수 있다.	1	2	3	4	5
D-2-가 자아인식 능력	1. 나는 직업생활에서 나를 아는 것이 왜 중요한지 설명할 수 있다.	1	2	3	4	5
	2. 나는 자아인식의 개념을 설명할 수 있다.	1	2	3	4	5
	3. 나는 나를 알아가는 방법에는 어떠한 것이 있는지 설명할 수 있다.	1	2	3	4	5

구분	문항	매우 미흡	미흡	보통	우수	매우 우수
D-2-가 자아인식 능력	4. 나는 다른 사람과의 커뮤니케이션을 통해서 나를 발견할 수 있다.	1	2	3	4	5
	5. 나는 나의 직업흥미를 알고 있다.	1	2	3	4	5
	6. 나는 나의 적성을 알고 있다.	1	2	3	4	5
	7. 나는 흥미와 적성을 개발하는 방법을 설명할 수 있다.	1	2	3	4	5
	8. 나는 자신을 인식하는 데 있어서 자기성찰이 왜 필요한지 설명할 수 있다.	1	2	3	4	5
	9. 나는 자기성찰을 연습하는 방법을 설명할 수 있다.	1	2	3	4	5
D-2-나 자기관리 능력	1. 나는 자기관리와 자기관리능력에 대한 개념을 설명할 수 있다.	1	2	3	4	5
	2. 나는 자기관리 단계에 따라 자기관리 계획을 수립할 수 있다.	1	2	3	4	5
	3. 나는 어떠한 과제를 우선적으로 수행해야 되는지 설명할 수 있다.	1	2	3	4	5
	4. 나는 인내심을 가지고 일을 할 수 있다.	1	2	3	4	5
	5. 나는 긍정적인 마음을 가지기 위한 방법을 설명할 수 있다.	1	2	3	4	5
	6. 나는 업무수행 성과를 높이기 위한 전략들을 설명할 수 있다.	1	2	3	4	5
	7. 나는 합리적인 의사결정의 개념을 설명할 수 있다.	1	2	3	4	5
	8. 나는 합리적인 의사결정 과정을 설명할 수 있다.	1	2	3	4	5
D-2-다 경력개발 능력	1. 나는 경력의 개념을 설명할 수 있다.	1	2	3	4	5
	2. 나는 경력개발의 개념을 설명할 수 있다.	1	2	3	4	5
	3. 나는 경력개발의 중요성을 설명할 수 있다.	1	2	3	4	5
	4. 나는 경력단계가 어떻게 진행되는지 설명할 수 있다.	1	2	3	4	5
	5. 나는 나의 경력단계가 지금 어디에 해당하는지 설명할 수 있다.	1	2	3	4	5
	6. 나는 경력개발 계획 수립단계에 따라 나의 경력개발 계획을 수립할 수 있다.	1	2	3	4	5
	7. 나는 경력개발 목표에 따른 적절한 전략을 수립할 수 있다.	1	2	3	4	5
	8. 나는 나의 경력개발과 관련된 최근의 이슈를 설명할 수 있다.	1	2	3	4	5

확인방법

체크리스트의 문항별로 자신이 체크한 결과를 아래 표에 적어 보자.

학습모듈	점수	총점	총점 / 문항 수	Page
D-1 자기개발능력	1점 × ( )개		총점 / 12 = ( )	11~25
	2점 × ( )개			
	3점 × ( )개			
	4점 × ( )개			
	5점 × ( )개			
D-2-가 자아인식능력	1점 × ( )개		총점 / 9 = ( )	27~40
	2점 × ( )개			
	3점 × ( )개			
	4점 × ( )개			
	5점 × ( )개			
D-2-나 자기관리능력	1점 × ( )개		총점 / 8 = ( )	41~59
	2점 × ( )개			
	3점 × ( )개			
	4점 × ( )개			
	5점 × ( )개			
D-2-다 경력개발능력	1점 × ( )개		총점 / 8 = ( )	61~85
	2점 × ( )개			
	3점 × ( )개			
	4점 × ( )개			
	5점 × ( )개			

확인결과

모듈별 평균점수

3점 이상 : 우수

3점 미만 : 부족

확인결과가 '부족'인 학습자는 해당 학습모듈의 페이지를 참조하여 다시 학습하십시오.

참고자료

🗁 김양호, 『자기계발을 위한 135작전』, 비전코리아(2003).

🗁 김유진(역), 『자아도취형 리더가 성공한다』, 예지출판(2005).

🗁 김종철, 『이젠, 자기혁명이다.』, 한언(1998).

🗁 김진모, 정철영, 나승일, 『재직근로자를 대상으로 한 자기개발 프로그램』, 우성정보대학(2002).

🗁 김흥국, 『경력개발의 이론과 실제』, 다산출판사(2000).

🗁 박양근, 『경력개발과 취업전략』, 무역경영사(2004).

🗁 박장호 외, 『직업윤리와 자기개발』, 교육과학사(2003).

🗁 손원재(역), 『최고의 직장생활을 하는 법』, 주변인의길(2002).

🗁 신병철, 『개인 브랜드 성공전략』, 살림(2004).

🗁 안상헌, 『생산적인 삶을 위한 자기발전노트 50』, 북포스(2005).

🗁 양영철(역), 『당신의 꿈을 실현해 줄 성공의 9단계』, 삼양미디어(2004).

🗁 엘지경제연구원, 『2010 대한민국 트렌드』, 한국경제신문(2005).

🗁 예병일, 『성공 자기경영을 위한 101가지 비타민』, 플루토북(2004).

🗁 이상윤, 『적성테스트와 직업 찾기』, 세인(1998).

🗁 이수용, 장원섭(2013), “독립근로자의 경력개발 의미와 과정에 관한 질적 연구”, HRD 연구, 15권 4호, 27-48.

🗁 이수용, 이종원, 이민영, 장원섭(2020), “대학 창업담당자들이 인식하는 창업지원 현황과 개선방안에 관한 연구”, 직업교육연구, 39권 3호, 67-86.

🗁 이소연, 이호진, 이수용, 장원섭(2019), “독립근로자들의 관계망 특성과 기능에 관한 연구-기업교육강사들을 중심으로”, 성인계속교육연구, 10권 3호, 43-70.

🗁 정철영 외. 『대학생을 위한 직업지도 프로그램 CDP-C 직업궁합』, 중앙고용정보원(2005).

🗁 커뮤니티 메타(역), 『자기관리 성공노트』, 중앙경제평론사(2001).

🗁 탁진국(역). 『경력개발 및 관리』, 시그마프레스(2002).

🗁 한국산업경영연구원 편집부, 『자기개발 및 행동혁신』, 한국산업경영연구원(2001).

🗁 한국생산성본부(역), 『20대의 자기개발』, 한국생산성본부(1994).

직업기초능력 가이드북 : 학습내용 확인하기

자기개발능력

학습내용 확인하기 및 확인결과는 직업생활의 다양한 환경과 상황에 따라 정답이 달라질 수 있으므로, 직업기초능력 가이드북에서 학습한 내용을 확인하는 참고자료로만 활용하시기 바랍니다.

학습내용 확인하기

학습모듈 D-1

자기개발능력

자기개발능력은 직업인으로서 자신의 능력과 적성, 특성 등을 이해하고 목표 성취를 위해 스스로를 관리하며 개발해 나가는 능력을 의미한다. 직업인이 조직 내에서 조직의 목표를 잘 수립하고 달성하기 위해서는 먼저 자기개발능력을 함양해야 한다.

학습목표

일반 목표

일터에서 직업인으로서 자신의 능력, 적성, 특성 등의 이해를 기초로 자기발전 목표를 스스로 수립하고 성취해 나가는 능력을 기른다.

세부 목표

1. 자기개발의 의미와 중요성을 설명할 수 있다.
2. 자기개발의 방법과 이와 관련된 장애요인을 해결할 수 있다.
3. 자기개발 계획과 전략을 수립할 수 있다.

주요용어

자기개발　　자아인식　　자기관리
경력개발　　장애요인

B1 자기개발의 개념

예시 문항

1. 다음은 자기개발과 자기개발능력에 대한 설명이다. (A), (B), (C)에 각각 들어갈 적절한 용어를 적어 보시오.

> 자기개발은 자신의 능력, 적성 및 특성 등에 있어서 (A)과 (B)을 찾고 확인하여 (A)을 강화시키고, (B)을 관리하여 성장을 위한 기회로 활용하는 것이며, 직업기초능력으로서 자기개발능력은 직업인으로서 자신의 능력, 적성, 특성 등을 이해하고 (C)를 위해 스스로를 관리하며 개발해 나가는 능력이다.

(A) = ________________

(B) = ________________

(C) = ________________

2. 다음은 자기개발의 특징에 대한 설명이다. 이와 관련하여 괄호 안에 맞으면 ○를, 틀리면 ×를 표시해 보시오.

- ○ 사람들은 모두 자기개발에 있어서 지향하는 바가 비슷하다. (　　)
- ○ 자기개발은 일시적으로 이루어지는 과정이다. (　　)
- ○ 자기개발은 일과 관련하여 이루어지는 활동이다. (　　)
- ○ 자기개발은 생활 가운데 이루어져야 한다. (　　)
- ○ 자기개발은 승진이나 이직을 원하는 사람만 하는 것이다. (　　)

B2 자기개발 방법과 방해요인

예시 문항

1. 자기개발은 다음의 세 가지로 이루어진다. 자아인식과 경력개발 외에 나머지 하나는 무엇인지 채워 넣어 보자.

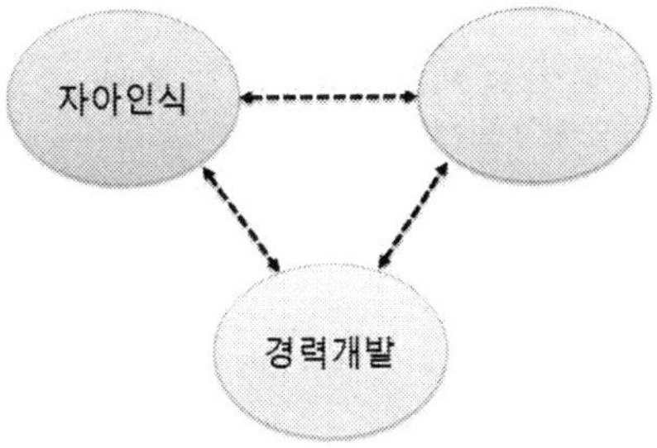

2. 왼쪽에 있는 것과 오른쪽에 있는 것을 서로 관련된 것끼리 연결하여 보자.

	• 직업흥미
자아인식 •	• 일과 관련된 경험
	• 경력계획
경력개발 •	• 자기개발의 첫 단계
	• 표준화된 검사 척도 이용

3. 자기개발을 할 때에는 인간의 욕구와 감정이 작용하여 자기개발에 대한 태도를 형성하고 제한적인 정보와 사고 습관 때문에 자신을 객관적으로 파악하는 데 실패하며, 현재의 익숙한 상황이 깨지는 것을 싫어하는 경향 때문에 어려움을 겪게 된다. 사람들이 자기개발을 하려고 하지만 실패하는 원인에 대하여 작성해 보자.

> ◦
> ◦

B3 자기개발계획 수립과 자기개발전략

예시 문항

1. 자기개발 계획을 수립할 때 사용해야 될 전략 4가지에 대하여 설명해보시오.

2. 다음 중 자기개발 계획을 설계하기 위해 알아야 할 사항들에 모두 ✔표 해보시오.

- □ 나의 흥미
- □ 나의 적성
- □ 타인과의 관계
- □ 현재 직무의 특성
- □ 나의 목표
- □ 현재 회사에서의 경력개발 기회
- □ 나의 재정상황
- □ 나의 건강상태

3. 자기개발 계획을 수립하기 위한 전략에 대한 설명으로 맞는 것은?

① 장기목표는 단기목표를 수립하기 위한 기본단계가 된다.
② 장단기 목표 모두 반드시 구체적으로 작성한다.
③ 인간관계는 자기개발 목표를 수립하는데 고려해야 될 사항인 동시에 하나의 자기개발 목표가 될 수 있다.
④ 미래에 대한 계획이므로 현재의 직무를 고려할 필요가 없다.

2. 하위능력별 학습

학습모듈 D-2-가

자아인식능력

자아인식능력은 자신의 흥미, 적성, 특성 등을 이해하여 자기정체감을 확고히 하는 능력이다. 자아인식은 직업 생활에서 자신의 요구를 파악하고 자신의 능력 및 기술을 이해하여 자신의 가치를 인식하는 것으로 개인과 팀의 성과를 높이는 데 필수적으로 요구된다. 직업인이 자신의 역량 및 자질을 개발하기 위해서는 자신을 이해하는 것이 선행되어야 한다.

학습목표

일반 목표

직업생활에서 다양한 방법으로 자신의 장단점, 흥미, 적성 등을 분석하여 자신의 가치를 설명할 수 있다.

세부 목표

1. 자아인식의 의미와 방법을 생각해 볼 수 있다.
2. 일과 관련된 자기의 특성을 파악할 수 있다.
3. 자신이 한 일에 대해 반성적으로 성찰할 수 있다.

주요용어

자아 표준화검사 흥미 적성 반성적 성찰

R1 자아인식의 의미와 방법

예시 문항

1. 다음 중 올바른 자아인식을 통해 가지고 올 수 있는 효과 중 빈칸에 적절한 용어를 적어보시오.

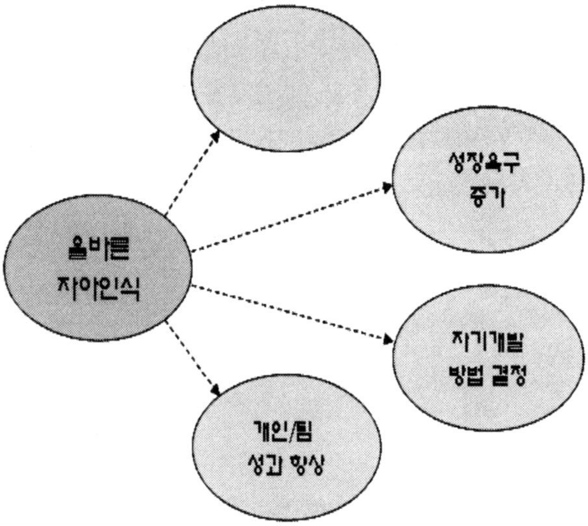

2. 자아존중감은 세 가지 차원으로 나누어 생각해 볼 수 있다. 각각의 설명에 해당하는 내용은 무엇인지 적어 보시오.

구 분	내용
	스스로 가치 있다고 생각하고 긍정적으로 판단하는 정도와, 타인에 의한 자신의 평가로 자신을 평가하는 차원
	자신의 과제와 목표를 잘 완수할 수 있다고 자기 자신을 믿는 차원
	주변 환경에서 일어나는 상황을 잘 통제할 수 있다고 자기 자신을 믿는 차원

B1 일과 관련된 나의 특성

예시 문항

1. 다음 설명이 무엇에 대한 내용인지 (A), (B)에 각각 들어갈 적절한 용어를 적어 보십시오.

(A)란 일에 대한 관심이나 재미를 의미하며, (B)란 개인이 잠재적으로 가지고 있는 재능, 개인이 보다 쉽게 학습 할 수 있는 잠재력을 의미한다. (A)와 (B)가 사람마다 다르기 때문에 각자 관심을 가지고 잘할 수 있는 일이나 분야는 다르기 마련이다.

(A) = ________________

(B) = ________________

2. 흥미와 적성을 개발하기 위한 방법 중에 다음의 설명과 관련된 방법은 무엇인지 괄호 속에 적어보시오.

(   )은 자신을 의식적으로 관리하는 방법으로 이 방법을 사용하여 문제 상황을 해결할 수 있다. 지속적으로 이 방법을 사용하다 보면 자신감을 얻게 되고 흥미나 적성을 개발할 수 있게 된다.

A1 반성의 의미

예시 문항

1. 성찰과 관련된 다음의 설명 중 맞으면 ○, 틀리면 ×를 표시하시오.
   - ○ 성찰을 하면 현재의 부족한 부분을 알 수 있다. (　　)
   - ○ 성찰을 하더라도 한 번한 실수는 반복적으로 하게 되므로, 처음에 실수를 하지 않는 것이 중요하다. (　　)
   - ○ 성찰은 과거에 있었던 일에 대한 반성이기 때문에 앞으로 일에는 영향을 주지 못한다. (　　)
   - ○ 성찰은 지속적으로 연습해야 몸에 익혀진다. (　　)

2. 성찰과 관련하여 할 수 있는 질문들은 어떤 것이 있는지 작성해 보시오.

◦
◦
◦
◦

학습모듈 D-2-나

자기관리능력

자기관리능력은 자신의 행동 및 업무 수행을 통제하고 관리하며, 합리적이고 균형적으로 조정하는 능력이다. 자신을 지속적으로 관리하지 않으면 변화하는 환경 속에 적응하지 못하고 도태한다. 따라서 직업인은 자신의 비전에 따라 과제를 발견하고 계획을 세워 자기관리를 수행하며, 내면과 생산성 관리 및 의사결정을 적절히 할 수 있어야 한다.

학습목표

일반 목표

직업생활에서 직업인으로서 자신의 역할과 목표를 정립하고, 이를 위하여 자신의 행동과 업무 수행을 관리하고 통제할 수 있다.

세부 목표

1. 자기관리 단계별 계획을 수립할 수 있다.
2. 합리적인 의사결정을 할 수 있다.
3. 자신의 내면관리와 업무수행 성과향상 방법이 무엇인지를 알 수 있다.

주요용어

자기관리단계　　내면관리　　생산성 관리　　합리적인 의사결정

B1 단계별 자기관리 계획 수립방법

예시 문항

1. 다음은 자기관리가 이루어지는 단계를 나타낸 것이다. 1단계와 3단계에 들어갈 내용을 각각 작성하여 보시오.

1.	2. 과제 발견	3.
4. 수행	5. 반성 및 피드백	

2. 자기관리를 수행하기 위해서는 어떠한 요소를 고려해야 하는가? 자신의 경험에 비추어 작성하여 보시오.

◦ ◦ ◦

A1 합리적인 의사 결정 방법

예시 문항

1. 당신이 직업생활에서 의사결정을 해야 될 때는 언제인지 적어 보십시오.

∘
∘
∘

2. 다음은 합리적인 의사결정 과정에 대한 그림이다. 다음 중 2단계와 4단계에서 이루어져야 될 활동을 작성해 보십시오.

단계	내용
1	문제의 근원을 파악한다.
2	
3	의사결정에 필요한 정보를 수집한다.
4	
5	각 대안을 분석 및 평가한다.
6	최적 안을 선택한다.
7	의사결정 결과를 평가하고 피드백한다.

3. 직업생활에서 의사결정을 하다 보면 거절의 의사를 표시해야 될 때가 있다. 거절의 의사를 표현하기 위하여 유의해야 될 점들을 생각해 보십시오.

◦ ◦ ◦

R1 내면 관리와 업무수행 성과 향상 방법

예시 문항

1. 인내심과 긍정적인 마인드에 대한 설명으로 적절하지 **않은** 것은?
   ① 인내심을 가진 사람은 신뢰감을 줄 수 있다.
   ② 자신의 목표를 분명하게 정립하면 인내심을 키우는 데 도움이 된다.
   ③ 인내심을 키우기 위해서는 일관되게 한 가지 시각으로 상황을 분석한다.
   ④ 자기 스스로 운명을 통제할 수 있다고 믿는 사람은 그렇지 않은 사람보다 더 성공할 확률이 높다.

2. 당신의 업무성과를 높이기 위한 구체적인 전략과 방안을 생각해 보시오.

◦
◦
◦
◦
◦

학습모듈 D-2-다

경력개발능력

경력개발능력은 자신의 진로에 대하여 단계적 목표를 설정하고 목표성취에 필요한 역량을 개발해 나가는 능력이다. 현대사회는 경력개발과 관련하여 많은 변화가 있어 왔다. 직업인은 이러한 환경에 대한 이해와 자신에 대한 이해를 바탕으로 자신의 경력단계를 확인하고 이에 따른 경력개발 계획을 수립할 수 있어야 한다.

학습목표

일반 목표

일터에서 직업인으로서 자신의 경력단계를 이해하고 이에 적절한 경력개발 계획을 수립할 수 있다.

세부 목표

1. 경력개발의 의미를 설명할 수 있다.
2. 경력개발 계획을 수립할 수 있다.
3 경력개발의 최근 이슈를 설명할 수 있다.

주요용어

경력 경력단계 경력계획 경력관리

B1 경력개발의 의미

예시 문항

1. 다음은 경력개발에 대한 설명이다. (A)와 (B)에 각각 들어갈 용어를 적어보시오.

경력개발은 자신과 자신의 환경 상황을 인식하고 분석하여 합당한 경력 관련 목표를 설정하는 과정으로 (A)와 경력계획을 준비하고 실행하며 피드백 하는 (B)로 이루어진다.

(A) = ____________, (B) = ____________

2. 경력개발능력이 필요한 이유 중 개인차원의 요구와 환경변화의 이유에 대하여 작성해 보시오.

◦
◦
◦

B2 경력개발계획 수립 과정과 방법

예시 문항

1. 사람은 일반적으로 평생 동안 다음과 같은 경력단계를 거친다. 다음 중 빈칸에 들어갈 단계는 무엇인지 적어 보시오.

직업선택	▶		▶	경력초기	▶	경력중기	▶	경력말기

2. 다음은 어떤 사람의 경력단계이다. 물음에 답해 보시오.

20세 : 인문대에 입학
22세 : 군 입대
24세 : 군에 제대해서 학교 복학
26세 : 대학전공이 적성과 맞지 않아서 2년 동안 자신의 진로에 대한 고민 끝에 자퇴. 다시 입시공부 시작
27세 : 건축공학과에 입학
32세 : 건축공학과 졸업
33세 : 건축회사에 취업
35세 : 건축기사 자격증 취득
42세 : 건축기술사 자격증 취득
47세 : 자신의 이제까지 직업생활을 되돌아보고 퇴직을 하고 창업을 하기로 결심하고 준비함
50세 : 퇴직
51세 : 창업
70세 : 퇴직

① 이 사람이 건축과 관련된 새로운 경력을 가지기 위하여 가졌던 직업선택 시기는 몇 살부터 몇 살까지인가? (   )

② 이 사람의 첫 번째 경력말기는 몇 살부터 몇 살까지인가?
(   )

A1 경력개발의 다양한 이슈

예시 문항

1. 경력개발과 관련된 다음의 이슈와 이에 대한 설명을 적절히 연결하여 보시오.

이슈	설명
평생학습사회 •	• 2개 혹은 그 이상의 직업을 동시에 가지는 것
	• 2006년 7.2%에 해당됨
투잡스 •	• 지식과 정보의 폭발적 증가에 따라 개인의 학습능력과 자기개발이 더욱 중요시 됨
청년실업 •	• 주 5일제의 확산에 따라 더욱 증가

총괄확인

1. 다음은 자기개발과 자기개발능력에 대한 설명이다. (가), (나), (다)에 각각 들어갈 적절한 용어를 순서대로 올바르게 나열한 것은?

> 자기개발은 자신의 능력, 적성 및 특성 등에 있어서 (가)와 (나)를 찾고 확인하여 (가)를 을 강화시키고, (나)를 관리하여 성장을 위한 기회로 활용하는 것이며, 직업기초능력으로서 자기개발능력은 직업인으로서 자신의 능력, 적성, 특성 등의 객관적 이해에 기초하여 (다)를 스스로 수립하고 성취해 나가는 능력이다.

① 기술, 특기, 발전 목표
② 강점, 약점, 발전 목표
③ 장점, 단점, 능력표준
④ 기술, 특기, 능력표준

2. 다음은 자기개발의 특징에 대한 설명으로 적절한 것은?

① 사람들은 모두 자기개발에 있어서 지향하는 바가 비슷하다.
② 자기개발은 일시적으로 이루어지는 과정이다.
③ 자기개발은 일과 관련하여 이루어지는 활동이다.
④ 자기개발은 승진이나 이직을 원하는 사람만 하는 것이다.

3. 자기개발의 필요성에 대한 설명으로 적절하지 **않은** 것은?

① 직업생활에서 효과적으로 업무를 처리하기 위함이다.
② 변화하는 환경에 적응하기 위해서 자기개발은 이루어진다.
③ 자기개발은 주변 사람과의 관계에서 우위에 서기 위해 필요하다.
④ 자신이 달성하고자 하는 목표를 성취하기 위해서 자기개발을 한다.

4. 자기개발은 다음의 세 가지로 이루어진다. 자기관리와 경력개발 그리고 나머지 이것은 무엇인가?

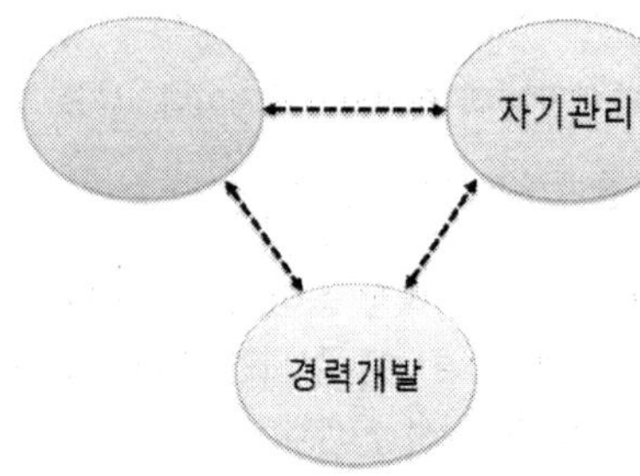

5. 자기개발 중 다음 괄호가 설명하는 것은 무엇인가?

( )은 일생에 걸쳐서 지속적으로 이루어지는 일과 관련된 경험이며, ( ) 개발은 개인이 목표와 전략을 수립하고 실행하며 피드백 하는 과정이다. 직업인은 한 조직의 구성원으로서 자신의 조직과 함께 상호작용하며 자신의 ( )을 개발해 나가는 특징을 가진다.

6. 다음 괄호 안에 들어갈 말은 무엇인가?

( )란 자신을 이해하고 목표를 성취하기 위하여 자신의 행동 및 업무수행을 관리하고 조정하는 것이다. ( )는 자신에 대한 이해를 바탕으로 비전과 목표를 수립하며, 이에 대한 과제를 발견하고, 자신의 일정을 수립하고 조정하여 ( )를 수행하고, 이를 반성하여 피드백 하는 과정으로 이루어진다.

7. 자기개발 설계 전략 중 적절하지 **않은** 것은?

① 보통 장기목표는 1년~3년 정도의 목표를 의미한다.
② 장기목표는 자신의 욕구, 가치, 흥미, 적성 및 기대를 고려한다.
③ 다른 사람과의 관계를 발전시키는 것도 하나의 자기개발 목표가 될 수 있다.
④ 현재 직무를 담당하는데 필요한 능력과 자신이 수준, 적성 등을 고려한다.

8. 다음이 설명하는 이것은 무엇인가?

> • **이것은** 자기 자신, 나를 일컫는 말이다. 또한 스스로의 자신의 존재를 인식하고, 타인과 자기 외부에 대해서 판단하고 행동하는 독립체라고 할 수 있다. **이것을** 구성하는 요소는 학자마다 다르게 분류하고 있는데, 이는 **이것은** 환경이나 교육에 따라 변화하기도 하며, 여러 차원의 복잡한 구조를 가지고 있기 때문이다.

9. 흥미와 적성을 개발할 수 있다. 이 중 마인드컨트롤에 대하여 설명해보자.

10. 성찰과 관련된 다음의 설명 중 **옳지 않은 것**은?

① 성찰을 하면 현재의 부족한 부분을 알 수 있다.
② 성찰을 하더라도 한 번한 실수는 반복적으로 하게 되므로, 처음에 실수를 하지 않는 것이 중요하다.
③ 성찰로 신뢰감을 형성할 수 있다.
④ 성찰은 지속적으로 연습해야 몸에 익혀진다.

11. 다음은 자기관리가 이루어지는 단계를 나타낸 것이다. 2단계와 5단계에 들어갈 내용을 각각 작성하여 보자.

1. 비전 및 목적 정립 ▶ 2. ____A____ ▶ 3. 일정 수립 ▶
4. 수행 ▶ 5. ____B____

12. 인내심과 긍정적인 마인드에 대한 설명으로 올바른 것은?

① 인내심을 가진 사람은 감정적으로 보인다.
② 자신의 목표 변화는 때에 따라 인내심을 키우는 데 도움이 된다.
③ 인내심을 키우기 위해서는 다양하고 다른 시각으로 상황을 분석한다.
④ 과거에 받았던 상처나 고민을 담아두고 자책한다.

13. 업무수행 성과를 높이기 위한 방법으로 적절하지 **않은** 것은?

① 일을 미루지 않고 가장 중요한 일을 먼저 처리한다.

② 비슷한 업무를 묶어서 처리한다.

③ 회사와 팀의 업무 지침을 참고하지만 성과를 위해 자신의 주관대로 수행한다.

④ 직장에서 일을 잘한다고 평가받는 사람을 찾아서 롤 모델로 설정한다.

14. 다음은 합리적인 의사결정 과정에 대한 그림이다. 다음 중 3단계와 5단계, 7단계에서 이루어져야 될 활동 (A), (B), (C)를 순대로 작성해보시오.

1. 문제의 근원을 파악한다.	➔	2. 의사결정 기준과 가중치를 정한다.	➔	3. (A)
				↓
↑		**합리적인 의사결정 과정**		4. 가능한 모든 대안을 탐색한다.
				↓
7. (C)	←	6. 최적 안을 선택한다.	←	5. (B)

15. 다음은 경력개발에 대한 설명이다. (A)와 (B)에 각각 들어갈 적절한 용어를 적어보자.

> 경력개발은 자신과 상황을 인식하고 경력 관련 목표를 설정하여 그 목표를 달성하기 위한 과정인 (A)과, 이에 따라서 경력계획을 준비하고 실행하며 피드백하는 (B)로 이루어진다.

(A) = __________, (B) = __________

16. 사람이 일반적으로 평생 동안 다음과 같은 경력단계를 거친다. 다음 중 빈칸 (가)와 (나)에 순서대로 들어갈 단계로 적절한 것은?

(가)	▶	(나)	▶	경력초기	▶	경력중기	▶	경력말기

① (가)직업상담, (나)직업선택

② (가)직업선택, (나)조직입사

③ (가)조직입사, (나)직업선택

④ (가)직업선택, (나)경력준비

17. 경력개발 계획을 수립하고 실행하는 단계의 올바른 순서는 무엇인가?

실행 및 평가	경력개발 전략 수립	자신과 환경이해
경력목표 설정	직무정보 탐색	

① 직무정보 탐색 → 자신과 환경이해 → 경력개발 전략 수립 → 경력목표 설정 → 실행 및 평가

② 자신과 환경이해 → 직무정보 탐색 → 경력목표 설정 → 경력개발 전략 수립 → 실행 및 평가

③ 직무정보 탐색 → 자신과 환경이해 → 경력목표 설정 → 경력개발 전략 수립 → 실행 및 평가

④ 자신과 환경이해 → 직무정보 탐색 → 경력개발 전략 수립 → 경력목표 설정 → 실행 및 평가

학습내용 확인결과

학습모듈 D-1: 자기개발능력

B1 : 자기개발의 개념

1. 정답 : (A)=강점, (B)=약점, (C)= 발전 목표

해설 : 자기개발은 자신의 능력, 적성 및 특성 있어서 강점과 약점을 찾고 확인하여 강점을 강화시키고 약점을 관리하여 성장을 위한 기회로 활용하는 것이며, 직업기초능력으로서 자기개발능력은 자신에 대한 객관적 이해를 기초로 발전 목표를 스스로 수립하고 자신의 관리를 통하여 성취해나가는 능력을 의미한다.

2. 정답 : X, X, O, O, X

해설 : 자기개발은 개인적인 과정으로 사람들은 자기개발을 통해 지향하는 바와 선호하는 방법 등이 모두 다르다. 또한 자기개발을 평생에 걸쳐서 이루어지는 과정이며, 직장인의 자기개발은 일과 관련하여 이루어지는 활동이다. 자기개발은 어떤 특정한 프로그램에 참가하는 것도 한 방법이 될 수 있지만 이것보다도 생활 가운데 이루어지는 것이 중요하며, 자기개발은 모든 사람이 해야 하는 특징을 가진다.

B2 : 자기개발 방법과 방해요인

1. 정답 : 자기관리

해설 : 자기개발은 자신이 어떤 특성을 가지고 있는지 이해하는 자아인식, 자신의 특성과 상황에 따라 자신의 행동 및 업무수행을 관리하고 조정하는 자아관리, 평생동안 일과 관련된 경험을 계획하고 관리하는 경력개발로 이루어진다.

2 정답 :

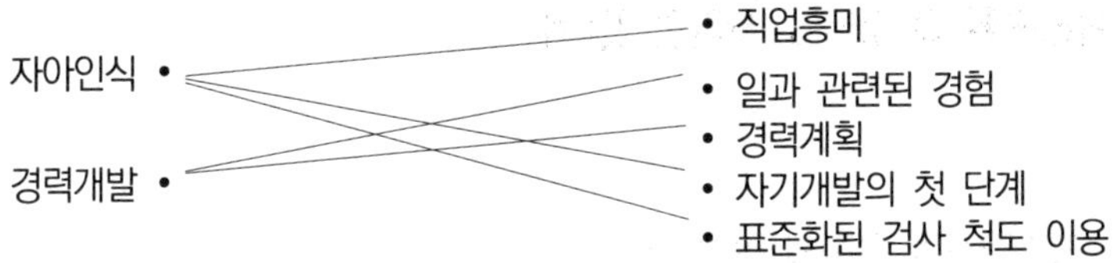

해설 : 자아인식은 자신의 직업흥미, 적성, 장단점을 분석하고 인식하는 것이며 자기개발의 첫 단계가 된다. 자아를 인식하는 방법으로는 스스로를 돌아보거나, 다른 사람과의 대화를 통해서 또는 표준화된 검사 척도를 이용하는 방법이 있다. 경력개발은 일과 관련된 경험인 경력을 계획하고 관리하는 것이다.

3. 정답 : 1) 경제적인 이유- 교육비가 너무 비싸서
2) 물리적인 이유- 퇴근 시간이 늦어서 수업 참여가 어려움
3) 체력적인 이유- 건강이 좋지 않아서

B3 : 자기개발계획 수립과 자기개발전략

1. 정답 : 장단기 목표를 수립한다, 인간관계를 고려한다, 현재의 직무를 고려한다, 구체적인 방법으로 계획한다.

해설 : 자기개발 계획을 수립하는 데에는 장단기 목표를 모두 세워야 하며, 장기목표는 5~20년, 단기목표는 1~3년 동안의 목표를 의미한다. 자기개발 계획을 수립할 때에는 자신의 인간관계를 고려하여야 하며, 자기개발 방법은 구체적일수록 좋다.

2. 정답 : 문제에 제시된 모든 사항들을 고려하여야 한다.

해설 : 자기개발 계획을 수립하는 데에는 자신과 관련된 모든 사항을 고려할수록 좋으므로 자신의 내재적인 특징이나 목표, 외재적인 환경 등을 모두 고려한다.

3. 정답 : ③

해설 : ① 단기목표는 장기목표를 수립하기 위한 기본단계가 된다. ② 장단기목표 모두 구체적으로 계획하는 것이 바람직하나, 장기목표의 경우 때에 따라서 매우 구체적인 방법을 계획하는 것이 어렵거나 바람직하지 않을 수 있다. ④ 자기개발 계획을 수립할 때에는 현재의 직무와 관련하여 계획을 수립하여야 한다.

학습모듈 D-2-가: 자아인식능력

R1 : 자아인식의 의미와 방법

1. 정답 : 자아정체감

해설 : 자기를 지식하고 그 지각된 내용을 체계화시킴으로서 자신을 존중하여 자신을 가치 있다고 여기는 동시에 자신의 한계를 인식하고 더 성장해야 되겠다는 욕구를 가질 수 있어 자아정체감을 확고히 하게 된다.

2. 정답 : 가치차원, 신념과 능력 차원, 통제감 차원

해설 : 자아존중감은 다른 사람들이 자신을 가치 있게 여기며 좋아한다고 생각하는 정도인 가치 차원, 과제를 완수하고 목표를 달성할 수 있다는 신념과 능력 차원, 자신이 세상에서 경험하는 일들과 거기에 영향을 미칠 수 있다고 느끼는 정도인 통제감 차원으로 구분할 수 있다.

B1 : 일과 관련된 나의 특성

1. 정답 : (A)=흥미, (B)적성

2. 정답 : 마인드 컨트롤

해설 : 흥미와 적성을 개발할 수 있는 한 방법으로 마인트 컨트롤에 대한 설명이다.

A1 : 반성의 의미

1. 정답 : O, X, X, O

해설 : 성찰을 통해 현재의 부족한 부분이 무엇인지를 발견하며 이를 개선하여 과거에 했었던 실수를 다시 반복하지 않도록 도와주고, 업무수행능력을 향상시켜 준다. 이와 같은 성찰은 지속적인 연습을 통하여 보다 더 잘 할 수 있게 되므로 매일 정해진 시간동안 자신이 했던 일 중에 잘했던 일과 잘못했던 일을 돌아보는 시간을 가지는 것이 중요하다.

2 정답 : 성찰과 관련된 질문의 예는 다음과 같다.
- 지금 일이 잘 진행되거나 그렇지 않은 이유는 무엇인가?
- 이 상태를 변화시키거나 혹은 유지하기 위하여 해야 하는 일은 무엇인가?
- 나는 이번 일에서 다르게 수행했다면 더 좋은 성과를 냈을 일은 무엇인가?

학습모듈 D-2-나: 자기관리능력

B1 : 단계별 자기관리 계획 수립 방법

1. 정답 : ① 비전 및 목적 정립, ③ 일정 수립

해설 : 자기관리의 단계는 자신의 비전과 목표를 정립하고, 자신의 역할 및 능력을 분석하여 과제를 발견하며, 이에 따른 일정을 수립하고, 시행하여, 지속적인 자기관리를 위해 반성하고 피드백하는 과정으로 이루어진다.

2. 정답 : 시간, 능력, 돈, 물건, 건강, 대인관계, 감정 등이 있으며 이 외에 개인에 따라 다양한 답이 나올 수 있다.

A1 : 합리적인 의사 결정 방법

1. 정답 : 학습자별로 자신의 상황에 따라 자유롭게 적을 수 있다. 예로는 이직을 할 것인지 계속 다니던 회사를 다닐 것인지를 결정할 때, 가정에서 중요한 행사가 있는데 회식이 잡혀서 어디를 가야될지 결정할 때, 업무가 여러 개가 중복되어서 어떤 것을 먼저 해야 될지 결정할 때 등이 있다.

2. 정답 : 2단계-의사결정 기준과 가중치를 정한다.
4단계-각 대안을 분석 및 평가한다.

3. 정답 : 거절의 의사결정은 상대방의 말을 주의 깊게 들어 문제의 본질을 파악하고,

거절의 의사결정은 가능한 빠르게 하며, 거절할 때에 분명한 이유를 만들고, 대안을 제시하는 등을 유의해서 해야 된다.

R1 : 내면 관리와 업무수행 성과 향상 방법

1. 정답 : ③

해설 : 인내심을 키우기 위해서는 새로운 시각으로 상황을 분석해야 한다. 어떤 사물이나 현상을 바라보는 시각은 매우 다양하며, 다양한 시각을 가지게 되면 다른 사람이 하는 행동이나, 현재 자신의 생각과 다르게 벌어지는 일에 대하여 참고 넘어갈 수 있게 된다.

2. 정답 : 업무수행 성과를 높이기 위한 전략과 방법은 매우 다양하며, 본문에서 제시된 방법 외에 다른 방법이 있을 수 있다. 업무수행 성과를 높이기 위한 행동전략의 예로는 자기자본이익률을 높인다, 일을 미루지 않는다, 업무를 묶어서 처리한다, 다른 사람과 다른 방식으로 일한다, 회사와 팀의 업무지침을 준수한다, 역할모델을 설정한다 등이 있다.

학습모듈 D-2-다: 경력개발능력

B1 : 경력개발 의미

1. 정답 : (A) 경력계획, (B) 경력관리

2. 정답 : 발달단계에 따른 가치관 혹은 신념 변화, 전문성 축적 및 성장 요구 증가, 개인의 고용시장 가치 증대 등

해설 : 경력개발능력이 필요한 이유는 환경변화, 조직요구, 개인요구로 나누어 살펴볼 수 있으며, 개인차원의 요구로는 발달단계에 따른 가치관 혹은 신념 변화, 전문성 축적 및 성장 요구 증가, 개인의 고용시장 가치 증대 등이 있다. 이러한 요인 외에 학습자에 따라 다른 요구를 제시할 수 있다.

B2 : 경력개발계획 수립 과정과 방법

1. 정답 : 조직입사

2. 정답 : ① 24~26세, ② 47~50세

해설 : ① 이 사람은 이전에 가졌던 전공이 자신과 맞지 않아 24세가 되어 새롭게 자신의 진로를 고민하고 준비를 하였다.

② 이 사람은 47세에 자신의 직업생활을 되돌아보고 퇴직을 결심하였으며 50세에 퇴직하였다.

3. 정답 : 직업선택

해설 : 자신에게 적합한 직업이 무엇인지를 탐색하고 이를 선택한 후, 여기에 필요한 능력을 키우는 과정이다.

A1 : 경력개발의 다양한 이슈

1. 정답 :

평생학습사회	지식과 정보의 폭발적 증가에 따라 개인의 학습능력과 자기개발이 더욱 중요시 됨
투잡스	2개 혹은 그 이상의 직업을 동시에 가지는 것
투잡스	주 5일제의 확산에 따라 더욱 증가
청년실업	2006년 7.2%에 해당됨

총괄확인결과

1. 정답 : ②

해설 : 자기개발은 자신의 능력, 적성 및 특성 있어서 강점과 약점을 찾아 강점을 강화시키고 약점을 관리하여 성장을 위한 기회로 활용하는 것임. 이렇게 직업기초능력으로서 자기개발능력은 자신에 대한 객관적 이해를 기초로 발전 목표를 스스로 수립하고 자신의 관리를 통하여 성취해나가는 능력을 의미함.

2. 정답 : ③

해설 : 자기개발의 특징은 첫째, 자기개발의 주체는 타인이 아니라 자기 자신이라는 점, 둘째, 자기개발은 개별적인 과정으로써 자기개발을 통해 지향하는 바와 선호하는 방법 등이 사람마다 다르다는 점, 셋째, 평생에 걸쳐서 이루어지는 과정이며, 넷째, 일과 관련하여 이루어지는 활동으로써. 다섯째, 생활 가운데 이루어져야 하며, 여섯째, 모든 사람이 해야 하는 것임.

3. 정답 : ③

해설 : 자기개발은 첫째, 직업생활에서 효과적으로 업무를 처리하기 위하여, 둘째, 변화하는 환경에 적응하기 위해서, 셋째, 주변 사람들과 긍정적인 인간관계를 형성하기 위해서, 넷째, 자신이 달성하고자 하는 목표를 성취하기 위해서, 그리고 다섯째, 개인적으로 보람된 삶을 살기 위해서 자기개발이 필요함.

4. 정답 : 자아인식

해설 : 직업인은 직업생활에서 자신의 능력 및 적성을 파악하고, 그에 적합한 자신의 목표를 수립하고 통제하며, 성취해 나가는 역량을 개발해야 함. 자기개발은 자기인식, 자기관리, 경력개발로 이루어짐.

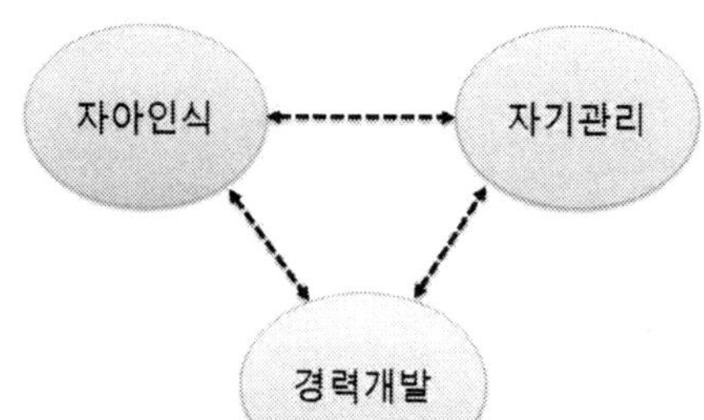

자기개발

5. 정답 : 경력

해설 : 경력은 일생에 걸쳐서 지속적으로 이루어지는 일과 관련된 경험이며, 경력개발은 개인의 경력목표와 전략을 수립하고 실행하며 피드백하는 과정임. 경력개발은 자신과 상황을 인식하고 경력관련 목표를 설정하여 그 목표를 달성하기 위한 과정으로 경력계획과, 경력계획을 준비하고 실행하며 피드백 하는 경력관리로 이루어짐.

6. 정답 : 자기관리

해설 : 자기관리란, 자신을 이해하고 목표를 성취하기 위하여 자신의 행동 및 업무수행을 관리하고 조정하는 것임. 자기관리는 자신에 대한 이해를 바탕으로 비전과 목표를 수립하며, 이에 대한 과제를 발견하고, 자신의 일정을 수립하고 조정하여 자기관리를 수행하고, 이를 반성하여 피드백 하는 과정으로 이루어짐.

7. 정답 : ①

해설 : 자기개발 목표를 성취하기 위해서는 첫째, 장단기 목표를 수립해야 함. 장단기를 구분하는 기준은 개인에 따라 중요한 생애전환기(결혼, 취직, 이직 등)를 기준으로 바뀔 수도 있으나, 보통 장기목표는 5년~20년 뒤를 설계하며, 단기목표는 1~3년 정도의 목표를 의미함. 둘째, 인간관계를 고려해야 함. 우리는 다양한 인간관계를 맺고 살아가기 때문에 자기개발 계획을 수립하여 실행하기 위해서 고려해야 함. 셋째, 현재의 직무를 고려해야 함. 즉, 현 직무를 담당하는데 필요한 능력과 이에 대한 자신의 수준, 개발해야 할 능력, 관련된 적성 등을 고려해야 함. 넷째, 구체적인 방법을 고려하여 계획해야 함. 자신이 수행해야 할 방법을 명확하고 구체적으로 수립할 때 노력을 집중하고 효율화할 수 있으며, 진행과정도 손쉽게 파악할 수 있음.

8. 정답 : 자아

해설 : 자아는 자기 자신, 나를 일컫는 말임. 스스로 자신의 존재를 인식하고 타인과 자기 외부에 대해서 판단하고 행동하는 독립체라고 할 수 있음. 자아를 구성하는 요소는 학자마다 다르게 분류하고 있는데, 이는 자아가 환경이나 교육에 따라 변화하기도 하며, 여러 차원의 복잡한 구조를 가지고 있기 때문임.

9. 정답 : 마인드컨트롤을 통해 자신을 의식적으로 관리하는 방법을 깨닫게 되면 문제 상황을 해결할 수 있게 됨. 자기마음의 관리는 학습능력 향상, 잠재능력 개발, 집중력 향상, 발표력 향상 및 다양한 심리치료에 효과적으로 적용되고 있음.

10. 정답 : ②

해설 : 성찰을 하는 이유는 일을 하는데 필요한 노하우를 축적하고, 지속적인 성장의 기회를 제공하며, 신뢰감 형성의 원천을 제공하고, 창의적인 사고 능력 개발 기회를 제공하기 때문임. 성찰을 연습하는 방법으로는 성찰노트 작성, 끊임없이 질문하기 등이 있음.

11. 정답 : A- 과제 발견, B- 반성 및 피드백

해설 : 자기관리는 자신을 이해하고, 목표를 성취하기 위해 자신의 행동 및 업무수행을 관리하고 조정하는 것이며, 자기관리능력은 이러한 자기관리를 잘 할 수 있는 능력을 의미함. 자기관리는 자신의 비전과 목표를 정립하고, 자신의 역할 및 능력을 분석하여 과제를 발견하며, 이에 따른 일정을 수립하여 시행하는 절차로 이루어짐.

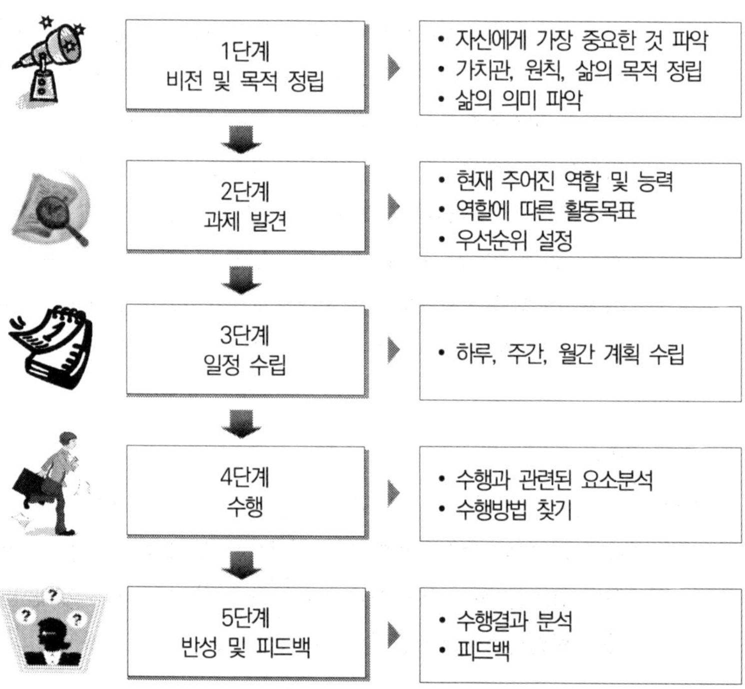

12. 정답 : ③

해설 : 어떠한 심리적 태도를 가지느냐는 그 사람의 성패를 좌우하며, 인내심을 키우고 긍정적인 마인드를 가진다면 그 성공은 조금 더 가까운 곳에 있을 것임. 당장 손해 보는 것 같더라도, 참고 인내하면 더 큰 결실을 보게 됨. 인내심을 가지지 못하고 화를 내거나 일을 자꾸 변경하는 사람은 객관적이기보다 감정적인 사람으로 보이고, 신뢰감을 주지 못함. 인내심을 기르기 위하여 첫째, 자신의 목표를 분명히 해야 하고, 둘째, 새로운 시각으로 상황을 분석해야 함.

한편, 긍정적인 마음을 가지기 위하여 먼저, 자신을 긍정해야 함. 자신의 능력과 가치를 신뢰하고 있는 그대로의 자신을 받아들여 건강한 자아상을 확립하고 과거에 받았던 상처나 고민을 털어버리고 타인을 원망하는 마음을 가지지 않도록 노력해야 함. 또한 고난이나 역경을 통하여 자신이 성장할 수 있다는 가능성을 믿고, 어려움 속에서 자신을 개발하는 방법을 터득해야 함.

13. 정답 : ③

해설 : 업무수행 성과를 높이기 위하여 자기자본이익률(ROE)을 높여야 함. 일을 미루지 않고, 업무를 묶어서 처리하고, 다른 사람과 다른 방식으로 일하고, 회사와 팀의 업무 지침을 따라야 함. 그리고 역할 모델을 설정해야 함.

14. 정답 : A-의사결정에 필요한 정보를 수집한다.
B-각 대안을 분석 및 평가한다.
C-의사결정 결과를 평가하고 피드백 한다.

해설 : 합리적인 의사결정 과정은 다음과 같음.

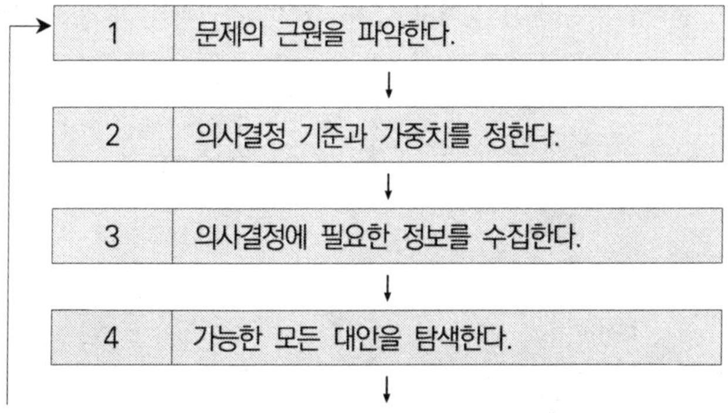

5	각 대안을 분석 및 평가한다.
6	최적 안을 선택한다.
7	의사결정 결과를 평가하고 피드백한다.

15. 정답 : A-경력계획, B-경력관리

해설 : 경력개발은 자신과 자신의 환경 상황을 인식하고 분석하여 합당한 경력 관련 목표를 설정하는 과정으로써 경력계획과, 경력계획을 준비하고 실행하며 피드백 하는 경력관리로 이루어짐. 경력관리는 규칙적으로 지속적으로 이루어져야 함. 잘못된 정보나 이에 대한 이해가 부족하여 경력 목표를 잘못 설정하는 경우가 있으므로 계속적이고 적극적인 경력관리를 통해 이를 수정해나가야 하며, 환경이나 조직의 변화에 따라 새로운 미션을 수립하고 새로운 경력이동 경로를 만들어나갈 필요가 있음.

16. 정답 : ②

해설 : 경력단계는 직업선택, 조직입사, 경력초기, 경력중기, 경력말기로 나누어 볼 수 있음.

직업선택 ▶ 조직입사 ▶ 경력초기 ▶ 경력중기 ▶ 경력말기

17. 정답 : ③

해설 : 경력개발은 경력을 탐색하고, 자신에게 적합한 경력목표를 설정하며, 이에 따른 전략을 수립해서 실행하고, 평가하여 관리하는 단계로 이루어짐.

1단계 직무정보 탐색	• 관심 직무에서 요구하는 능력 • 고용이나 승진 전망 • 직무만족도 등
2단계 자신과 환경 이해	• 자신의 능력, 흥미, 적성, 가치관 • 직무 관련 환경의 기회와 장애요인

단계	내용
3단계 경력목표 설정	• 장기목표 수립 : 5~7년 • 단기목표 수립 : 2~3년
4단계 경력개발 전략수립	• 현재 직무의 성공적 수행 • 역량 강화 • 인적 네트워크 강화
5단계 실행 및 평가	• 실행 • 경력 목표, 전략의 수정

직업기초능력 가이드북
자기개발능력 (학습자용)

초판 인쇄 2021년 04월 15일
초판 발행 2021년 04월 22일

저 자 한국산업인력공단
발행인 김갑용

발행처 진한엠앤비
주소 서울시 서대문구 독립문로 14길 66 205호(냉천동 260)
전화 02) 364 - 8491(대) / 팩스 02) 319 - 3537
홈페이지주소 http://www.jinhanbook.co.kr
등록번호 제25100-2016-000019호 (등록일자 : 1993년 05월 25일)

ISBN 979-11-290-2047-5 (93550) [정가 14,000원]